_____ 님의 소중한 미래를 위해
이 책을 드립니다.

세종의 말

우리가 미처 몰랐던 세종대왕의 진면목

세종의 말

세종 지음 | 정영훈 엮음 | 박승원 옮김

소울메이트

소울메이트 　우리는 책이 독자를 위한 것임을 잊지 않는다.
우리는 독자의 꿈을 사랑하고,
그 꿈이 실현될 수 있는 도구를 세상에 내놓는다.

세종의 말

초판 1쇄 발행　2016년 7월 8일 ┃ **지은이**　세종 ┃ **엮은이**　정영훈 ┃ **옮긴이**　박승원

펴낸곳　㈜원앤원콘텐츠그룹 ┃ **펴낸이**　강현규 · 박종명 · 정영훈

책임편집　민가진 ┃ **편집**　최윤정 · 김효주 · 주효경 · 유채민 · 이은솔

디자인　최정아 · 김혜림 · 홍경숙 ┃ **마케팅**　송만석 · 서은지 · 김서영

등록번호　제301-2006-001호 ┃ **등록일자**　2013년 5월 24일

주소　100-826 주소 서울시 중구 다산로16길 25, 3층(신당동, 한홍빌딩) ┃ **전화**　(02)2234-7117

팩스　(02)2234-1086 ┃ **홈페이지**　www.1n1books.com ┃ **이메일**　khg0109@1n1books.com

값　13,000원 ┃ **ISBN**　979-11-6002-015-1 03100

이 도서의 국립중앙도서관 출판시도서목록(CIP)은 e-CIP홈페이지(http://www.nl.go.kr/ecip)에서
이용하실 수 있습니다.(CIP제어번호 : CIP2016014458)

백성은 나라의 근본이니
근본이 튼튼해야만 나라가 평안하게 된다.

• 『세종실록』, 세종 23년(1441) 12월 17일 •

세종대왕의 알려지지 않았던 업적까지 조명한 책

우리 역사에서 가장 존경받는 인물은 조선의 제4대 왕인 세종대왕이다. 세종대왕의 31년 재위 기간 중 치적을 꼽는다면 흔히 한글 창제, 과학기술 발전, 서적 편찬, 집현전 설치, 4군 6진, 쓰시마 정벌 등의 굵직한 업적을 떠올리겠지만 우리가 미처 몰랐던 감동적인 업적들이 많다. 우리가 세종대왕을 성군이라 부르는 건 이러한 감동이 있기 때문일 것이다.

이 책은 『세종실록』 『연려실기술』 등 문헌에 근거해 세종대왕이 직접 했던 말들을 한데 엮은 어록집이다. 당시 그 말이 나온 배경도 추가적으로 소개해 내용 이해에 도움을 주고자 했다.

무엇보다도 세종대왕의 생생한 말들을 통해 세종대왕이 얼마나 백성을 아끼고 사랑했는지 여실히 알 수 있다. 세종대왕은 굶주리는 백성을 줄이고자 제도를 개선했으며, 억울한 백성이 없게 가혹한 형벌을 금했다. 길가에 버려진 아이를 나라가 돌보게 했고, 노비와 장애인과 노인 등 사회적 약자를 늘 배려했다. 결혼이 늦은 사람들의 결혼을 나라가 지원했으며, 왕실의 재산을 국고에 일부 환수하는 등 성군으로서의 면모는 이루 헤아릴 수 없을 정도다.

물론 우리 역사에 위대한 왕은 많고, 업적이 화려한 왕도 많다. 그러나 세종대왕만큼 백성을 진심으로 사랑한 왕은 없을 것이다. "백성은 나라의 근본이니, 근본이 튼튼해야만 나라가 평안하게 된다. 내가 박덕(薄德)한 사람인데도 외람되이 백성들의 주인이 되었으나 오직 이 백성을 기르고 어루만지고 달래주는 방법만은 마음속에 간절하다."라는 세종의 신념과 가치관은 단지 군주의 초심에 그친 것이 아니라 재위 기간 내내 변치 않았다. 이처럼 백성을 사랑하는 마음이 간절했기에 군주인 자신에게는 늘 엄격했고, 백성을 위한 정책과 제도를 만들어야 할 신하들은 왕의 재촉에 늘 바쁘고 힘들었다. 그런 세종대왕의 진면목이 100% 담긴 이 책을 통해 21세기를 살아가는 우리에게 필요한 리더십이 무엇인지 새삼 뒤돌아보게 된다.

차례

 1장 ## 백성을 긍휼히 여긴다

2장 인으로 나라를 다스린다

3장 법은 인간을 위한 것이다

4장 인재를 소중히 여긴다

5장 지식을 나라의 힘으로 삼는다

가난한 백성에게 억지로 징수하지 말라
양민과 천인 모두 보살펴야 하는 존재다
사사로이 농민들을 노역시키지 말라
자연재해로 고통받는 백성들을 정성을 다해 구제하라
억울함을 수용하지 않는 것이 과연 옳은 것인가
굶주린 백성들에게 조세를 징수하는 것은 옳지 않다
백성이 튼튼해야만 나라가 평안하다
백성을 편안하게 기르는 일에 힘쓰도록 하라
감사는 제 역할을 충실히 하여 백성들의 삶을 도우라
인력으로 할 수 있는 것은 마음을 다해서 하라
백성을 위해 새로 글자를 만들다
길에 어린아이를 버리는 일이 없도록 하라
백성을 구휼하기 위해 과전을 줄이다
화재를 당한 백성들을 마음을 다해 구제하라
백성의 먹고사는 일은 정치의 우선이다
백성을 가까이 하기에 수령의 선임이 중요하다
백성을 사랑하고 기르는 일에 마음을 다하라
백성들이 굶어 죽지 않게 구휼에 힘써라
의부와 절부, 효자와 순손의 공로를 파악해 표창하라
맡은 바 직책을 다하지 않는 수령을 찾아내라
백성을 구제 못 하는 죄는 진실로 나에게 있다

1장

백성을
긍휼히 여긴다

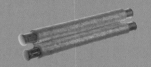

가난한 백성에게
억지로 징수하지 말라

근년의 기근으로 백성들에게 간혹 양식이 떨어지는 일이 생겨도 여러 경차관(敬差官: 중앙정부가 지방에 임시로 파견한 관리)들은 대의는 생각하지 않고 오직 사무에만 마음을 써 지나간 해에 민간에 빌려준 의창의 곡식을 너무 급하게 징납하니, 백성들이 그 폐해를 입는다.

경차관에게 알려서 가난하여 갚을 수 없는 백성에게는 억지로 징수하지 못하게 하라. 나는 깊은 궁중에 있어서 민간의 일을 다 알 수 없다. 이로움과 해로움 가운데 민간에서 절실한 것이 있다면, 너희들이 마땅히 모두 아뢰도록 하라.

『세종실록』, 세종 3년(1421) 1월 3일

比年饑饉, 民或絶食, 諸敬差官不顧大義, 惟以辦事爲心, 往年民間所貸義倉之穀, 徵納太急, 民受其弊. 其諭敬差官, 民之貧不能償者, 勿令强徵. 予在深宮, 民間之事不得盡知. 如有利害切於民間者, 爾等當悉啓之.

『世宗實錄』

18

양민과 천인 모두
보살펴야 하는 존재다

임금의 직책은 하늘을 대신하여 만물을 다스리는 것
이다. 만물이 그 자리를 얻지 못하는 것도 마음이 아
픈데, 하물며 사람은 어떠하겠는가? 임금이 다스림에
있어서 진실로 하나같이 보살펴야 하는데, 어찌 양민
(良民)과 천인(賤人)으로 차이를 둘 수 있겠는가?

『세종실록』, 세종 9년(1427) 8월 29일, 여종 덕금이 주인에게 학대 받은
사실에 대해 마음 아파하며

人君之職, 代天理物, 物不得其所, 尙且痛心, 況人乎. 以人君治
之, 固當一視, 豈以良賤, 而有異也.
『世宗實錄』

사사로이 농민들을
노역시키지 말라

농사와 양잠은 입고 먹는 것의 근본이다. 지금은 흉년을 당했으니, 더욱 서둘러야 할 것이다. 중앙과 지방의 영선(營繕: 궁궐이나 관청 건물 등을 수리하는 것)은 비록 이미 금지시켰지만, 수령들이 나의 뜻을 받들지 않고 망령되이 공사를 일으켜 백성들의 시간을 빼앗을까 염려된다. 육조(六曹)에서 교지를 받아 공문(公文)을 보낸 것을 제외하고는 감히 사사로이 농민들을 노역(勞役)시키는 자가 있으면 감사(監司)가 그 일에 따라 즉시 단죄하고 아뢰도록 하라.

『세종실록』, 세종 즉위년(1418) 11월 3일, 중앙과 지방인 경외의 신료들에게 유시하기를

農桑, 衣食之本. 今當凶年, 尤其所急. 中外營繕, 雖已禁斷, 慮恐
守令不體予意, 妄興工作, 以奪民時. 除六曹受敎行移外, 敢有私
役農民者, 監司隨卽斷罪申聞.
『世宗實錄』

자연재해로 고통받는 백성들을
정성을 다해 구제하라

백성은 나라의 근본이요, 양식은 백성에게 하늘이다. 요즘 홍수·가뭄·폭풍·우박의 재앙으로 인해 해마다 흉년이 들었는데, 홀아비나 과부, 고아나 혼자 된 늙은이 같은 궁핍한 자들이 먼저 그 고통을 받는다. 일정한 생계 수단이 있는 백성까지도 또한 굶주림을 면치 못하니 매우 가엽고 불쌍하다.

호조에 명령하여 창고를 열어 구제하게 하고, 계속 지인(知印: 큰 고을에 둔 향리)을 보내 나누어 다니면서 살펴보게 하라. 수령 가운데 백성의 쓰라림을 구휼(救恤)하지 않는 자도 간혹 있을 것이니, 이미 유사(有司: 인사담당자)로 하여금 죄를 다스리게 했다. 아아, 백성들이 굶어 죽게 된 상황을 내가 부덕하여 두루 알지 못하니, 감사나 수령같이 백성을 가까이하는 관원은 나의 지극한 뜻을 받들어 새벽부터 밤까지 게을리 하지 말고 하나같이 경계 내의 백성이 굶주리고 살 곳을 잃는 염려에 이르지 않게 하고, 황폐하고 궁벽한

촌락에까지 친히 다니며 살펴보아 정성을 다해 구제
하라. 나는 장차 다시 조정의 관원을 파견하여 잘하고
있는지 아닌지 살펴볼 것인데, 하나의 백성이라도 굶
어죽는 자가 있다면 감사와 수령 모두 교지를 따르지
않는 것으로 죄를 논할 것이다.

「세종실록」, 세종 1년(1419) 2월 12일. 즉위 초기에 강원도에 큰 가뭄이 있
자 굶주림에 처한 백성의 안위를 살피며

民惟邦本, 食爲民天. 比因水旱風雹之災, 連歲凶歉, 鰥寡孤獨窮
乏者, 先受其苦. 至於有恒産之民, 亦未免飢餓, 甚可憐憫. 爰命
戶曹, 發倉賑濟, 續遣知印, 分行考察. 守令不恤民隱者, 間亦有
焉, 已令有司治罪. 嗟乎, 生民之衆, 餓莩之狀, 非予寡躬所能周
知, 監司守令近民之官, 體予至意, 夙夜匪懈, 一以境內人民, 不
至於飢餓失所爲慮, 至於荒僻村落, 親行考察, 盡情賑濟. 予將更
遣朝官, 審其能否, 如有一民飢死者, 監司守令, 竝以敎旨不從論.
『世宗實錄』

억울함을 수용하지 않는 것이
과연 옳은 것인가

근래에 듣건대 경(卿)과 대언(代言: 왕명 출납을 담당한 관
직) 등이 "고을의 백성이 직접 수령을 고소할 때는 받
아서 처리해주지 말아야 마땅하다."라고 하면서 내게
전달되기를 바란다고 했다. 경이 일찍이 "고을의 백성
이 수령을 고소하는 것은 전혀 충직하고 인정이 두터
운 풍속이 아니다."라고 말했고, 태종께서도 가납(嘉
納: 의견을 기꺼이 받아들임)하시어 경자년에 이미 법을
세웠다.

내가 일찍이 그것에 대해 생각했는데, 경의 말이 매우
좋지만 자기의 억울한 것에 대해 모두 수용하지 말라
고 한다면, 가령 수령이 백성의 노비를 빼앗아 다른
사람에게 주더라도 다시 수용하지 않아야 옳겠는가?
백성들이 바라는 것이 있는데 임금이 없으면 곧 어지
러워지기에 반드시 임금을 세워 다스리게 한 것이다.
억울함을 호소하는 것을 수용하지 않는다면 어찌 다
스리는 체통에 해가 되지 않겠는가?

『세종실록』, 세종 13년(1431) 6월 20일, 상전을 고발하는 것을 금지하던 고소금지법을 둘러싸고 조정에서 논란이 일 때, 고소금지법 유지를 강하게 주장하던 허조에게

近聞卿與代言等, 言部民親訴守令者, 當勿許受理, 冀達於予. 卿
嘗言部民訴守令, 甚非忠厚之風, 太宗亦嘉納之, 歲庚子, 已立法.
予嘗思之, 卿言甚善, 至於自己所冤, 悉令勿受, 則假如守令, 奪
民奴婢, 以與他人, 更不受理可乎. 民生有欲, 無主乃亂, 必立君
長而治之. 不受訴冤, 則豈不害於治體.
『世宗實錄』

굶주린 백성들에게 조세를
징수하는 것은 옳지 않다

임금으로 있으면서 백성이 굶어 죽는다는 말을 듣고 오히려 조세를 징수하는 것은 진실로 차마 못할 일이다. 하물며 지금 묵은 곡식이 이미 다 떨어졌다고 하니, 창고를 열어 곡식을 나누어준다 해도 도리어 미치지 못할까 염려되는데 오히려 굶주린 백성에게 조세를 부담시켜서야 되겠는가? 또한 감찰어사를 보내 백성의 굶주리는 상황을 살펴보게 하고도 조세조차 면제를 해주지 않는다면, 백성을 위해 실제로 혜택을 줄 일이 다시 무엇이 있겠는가?

『세종실록』, 세종 1년(1419) 1월 6일

爲人君者, 聞民且飢死, 尙徵租稅, 誠所不忍. 況今舊穀已盡, 開倉賑濟, 猶恐不及, 反責租稅於飢民乎. 且遣監察, 視民饑饉, 而不蠲租稅, 復有何事爲民實惠乎.
『世宗實錄』

백성이 튼튼해야만
나라가 평안하다

백성은 나라의 근본이니 근본이 튼튼해야만 나라가 평안하게 된다. 내가 박덕(薄德)한 사람인데도 외람되이 백성들의 주인이 되었으나 오직 이 백성을 기르고 어루만지고 달래주는 방법만은 마음속에 간절하다. 백성을 친근히 대할 관원을 신중히 선택하고 출척(黜陟: 공적에 따라 지위를 올리고 내림)하는 법도를 엄하게 당부했지만, 아직도 듣고 보는 것이 미치지 못함이 있을까 염려된다.

이에 사헌부에 명하여 풍문을 들어보고 잘못된 점을 따지도록 해서 법을 잘 지키는 어진 관리를 얻어 그들과 함께 백성을 다스릴 것이다. 다만 지역의 백성이 고발하고 폭로하는 것은 존비(尊卑)의 명분에 어긋남이 있다. 지난번에 조정의 논의에 따라 금지령을 확립한 것은 수령을 중히 여기고 풍속을 두텁게 하려는 것이었다.

그러나 사방은 넓고 지역은 많으니, 또한 탐욕스럽고

잔혹한 관리가 법에 기대어 위세를 세워 거리낌 없이
방자한 행동으로 백성을 수척하게 하고 나라를 병들
게 할지 어찌 알겠는가?

『세종실록』, 세종 5년(1423) 7월 3일

民惟邦本, 本固邦寧. 予以諒德, 叨主生民, 惟是惠養撫綏之方,
切切于懷. 愼選近民之官, 申嚴黜陟之典, 尙慮聞見有所不逮. 爰
命憲府, 風聞彈糾, 庶得循良, 共治黎庶. 重惟部民之告訐, 有乖
尊卑之名分, 頃因廷議, 立爲禁防, 所以重守宰而厚風俗也. 然而
四履之廣州郡之多, 又安知貪饕殘酷之吏, 倚法立威, 恣行無忌,
以瘠民而病國者乎.
『世宗實錄』

백성을 편안하게 기르는 일에
힘쓰도록 하라

올해 여름은 가물고 겨울은 따뜻하니, 내년 농사가 어떨지 알 수 없다. 이제 듣건대 각 도의 군·읍에 식량이 떨어진 백성들이 꽤나 많다고 하니, 백성들을 구제할 방법을 항상 마음속에 생각하라.

옛날에는 백성들에게 예의(禮義)와 염치를 가르쳤지만, 지금은 입을 것과 먹을 것이 넉넉하지 않으니 어느 겨를에 예의를 다스리겠느냐? 입을 것과 먹을 것이 넉넉하면 백성들이 예의를 알게 되고 형벌에서 멀어질 것이다. 그대들은 나의 지극한 마음을 본받아 우리 백성들을 편안하게 기르는 일에 힘쓰도록 하라.

『세종실록』, 세종 7년(1425) 12월 10일, 함양군 지사로 부임하는 최덕지 등에게 행정을 잘하라고 격려하는 자리에서

今年夏旱冬燠, 明年農事, 未可知也. 今聞, 各道郡邑, 絶食之民
頗多, 救民之術, 恒念于懷. 古者, 教民以禮義廉恥, 今則衣食不
足, 何暇治禮義. 衣食足則民知禮義, 而遠於刑辟. 爾等體予至懷,
以安養斯民爲務.

『世宗實錄』

감사는 제 역할을 충실히 하여
백성들의 삶을 도우라

탐관오리들이 공물과 조세의 상납과 사신의 접대와 관부(官府)의 보수 등의 일을 핑계로 법을 어기고 세금을 과중하게 거두어 백성들에게 해를 끼친다. 그런데 감사가 사실을 밝혀내지 못하고 도리어 최고의 반열에 두었으니, 사람을 축출하고 등용하는 뜻에 매우 어긋난다.

이제부터는 정밀히 살피고 제대로 처리하여 백성들의 삶을 돕도록 하라. 각 관아의 수령들이 혹시라도 한 때의 사사로운 노여움으로 법을 어기고 멋대로 형벌을 써서 호소할 곳 없는 백성들을 매질하여 온화한 기운을 상하게 했다면, 감사는 일찍이 내렸던 교지를 거행해서 법과 형벌을 함부로 행하지 못하게 함으로써 형벌을 신중히 하고 죄인을 불쌍히 여기는 나의 뜻에 부응하도록 하라.

『세종실록』, 세종 즉위년(1418) 11월 3일, 중앙과 지방인 경외의 신료들에게 유시하기를

貪汚官吏, 托以貢賦上納使客支應官府營繕等事, 違法重斂, 貽
害生民, 監司不能覈實, 反置最列, 甚乖黜陟之意. 自今精察糾理,
以恤民生. 各官守令, 或因一時私怒, 非法枉刑, 鞭撻無告之民,
致傷和氣, 監司擧行曾降敎旨, 毋致枉濫, 以副予欽恤之意.
『世宗實錄』

인력으로 할 수 있는 것은
마음을 다해서 하라

내가 듣건대 경기도에서 밀과 보리 수확이 좀 잘되었
다고 하던데, 가뭄이 막 시작되고 있으니 나는 매우
염려된다. 하늘의 뜻은 사람이 되돌릴 수는 없겠지만,
사람의 힘으로 할 수 있는 것에 있어서는 마음을 다
해서 하라.

『세종실록』, 세종 13년(1431) 5월 2일

予聞京畿兩麥稍盛, 旱氣方作, 予甚慮焉. 天意非人可回, 其在人
力可爲者, 盡心爲之.
『世宗實錄』

32

백성을 위해
새로 글자를 만들다

나라의 말이 중국과 달라 글자와 서로 통하지 않는다.
그래서 어리석은 백성들은 말하고 싶은 것이 있어도
끝내 그 사정을 제대로 펼치지 못한다. 내가 이것을
안타깝게 생각해서 새로 스물 여덟 자를 만들었으니,
사람들이 쉽게 익혀 일상생활이 편해지기를 바랄 뿐
이다.

『세종실록』, 세종 28년(1446) 9월 29일, 〈훈민정음〉 어제의 앞부분

國之語音, 異乎中國, 與文字不相流通. 故愚民有所欲言, 而終不
得伸其情者多矣. 予爲此憫然, 新制二十八字, 欲使人易習, 便於
日用耳.
『世宗實錄』

길에 어린아이를 버리는 일이 없도록 하라

근년에 중앙과 지방의 사람들 가운데 어린아이를 길에 버리는 사람이 많으니, 비록 자기가 낳은 아이가 아니라고 하더라도 이보다 잔인할 수는 없다.

도성에서는 한성부에게, 지방은 수령에게 명하여 끝까지 찾아서 잡도록 하고, 고발해 잡게 한 자는 특별히 상을 주어라. 그리고 중앙과 지방에 널리 알려주어 두루두루 알지 못함이 없게 하라.

『세종실록』, 세종 17년(1435) 8월 14일, 유실된 어린아이들에 대한 사회적 문제가 심각해지자 각종 대책을 강구하며

近年中外之人, 多棄小兒於路, 雖非己之所生, 殘忍莫甚. 令京中漢城府外方守令, 窮極搜捕, 告捕者, 特加賞典, 廣曉中外, 無不周知.
『世宗實錄』

백성을 구휼하기 위해
과전을 줄이다

재앙과 이변의 있고 없는 것은 사람의 힘으로 이룰
수 있는 것은 아니지만, 배포하고 조치함의 얻고 잃음
은 진실로 사람이 다 할 수 있는 일이다. 내가 덕이 없
는데도 크나큰 왕업을 이어받았는데, 평안하게 다스
리지 못해 아래에 있는 백성들이 굶어 죽게 되었으니,
어떻게 손을 써야 할지를 알지 못하겠고 장차 깊은
못에 떨어질 것만 같다.

자손이 번성하고 많은 것이 경사라고는 하지만, 하늘
이 내려주신 녹봉을 헛되이 쓰고 궁궐을 고친 일도
많아서 재앙을 불러온 듯하니, 나는 매우 부끄럽다.
그 나머지 종친들의 과전(科田)은 갑자기 줄일 수 없
으니, 친아들과 친손자의 과전을 줄이려고 하는데 그
대들의 뜻은 어떠한가?

『세종실록』, 세종 19년(1437) 1월 12일, 전국적인 흉년으로 국가재정이 어
려워지자 승정원에게 왕실의 일부 재산 축소와 헌납을 건의하며

災異之有無, 非人力之所致, 布置之得失, 固人爲之可盡. 予以否
德, 嗣承丕緒, 不能治平, 以致下民之飢死, 罔知所措, 若將隕于
深淵. 子孫蕃衍, 雖云慶事, 徒費天祿, 營繕亦多, 恐有感召之災,
予甚慼焉. 其餘宗姓科田, 未可遽減, 欲減親子親孫科田, 僉意何如.
『世宗實錄』

화재를 당한 백성들을
마음을 다해 구제하라

불이 난 집의 수효와 인구를 조사해 어른과 아이를
나누고 마음을 다해 구제하여 굶주림이나 곤란이 없
게 하라. 화재를 당한 사람들의 집을 지을 재목으로
말라 죽은 소나무를 베어 지급하라.

『세종실록』, 세종 8년(1426) 2월 19일, 대규모의 도성 화재로 인한 피해
구제책을 의정부와 병조에 명하면서

考失火戶數人口, 分壯弱, 用心賑濟, 使無飢困. 被火人造家材木,
斫給枯松木.
『世宗實錄』

백성의 먹고사는 일은
정치의 우선이다

나라는 백성을 근본으로 삼고, 백성은 먹을 것을 하늘로 삼는다. 농사짓는 일은 입고 먹는 것의 근원이고 왕의 정치에서 우선해야 할 것이다. 생각건대 그것이 백성들의 큰 운명과 관계되기 때문에 천하가 아주 힘들다고 해도 받아들이는 것이다. 위에 있는 사람이 정성스러운 마음으로 이끌고 거느리지 않는다면, 어찌 백성들이 부지런히 농사에 힘을 다해 종사하여 그 생생한 즐거움을 이루게 할 수 있겠는가?

『세종실록』, 세종 26년(1444) 윤7월 25일, 지방의 수령들에게 내린 교서에서

國以民爲本, 民以食爲天. 農者, 衣食之源, 而王政之所先也. 惟其關生民之大命, 是以服天下之至勞. 不有上之人誠心迪率, 安能使民勤力趨本, 以遂其生生之樂耶.
『世宗實錄』

백성을 가까이 하기에
수령의 선임이 중요하다

수령은 백성을 가까이 하는 관직이니 그 선임(選任)이 더욱 중요하다. 감사(監司)가 행한 한 때의 포상과 폄하로 혹시라도 그 실상을 잃을 수도 있으니, 각 도와 각 관아에서는 30년 동안의 수령의 정무와 치적을 사실대로 찾아보고 명단을 갖추어 아뢰도록 하라.

『세종실록』, 세종 즉위년(1418) 11월 3일, 중앙과 지방인 경외의 신료들에게 유시하기를

守令, 近民之職, 其選尤重. 監司一時襃貶, 或失其實, 各道各官三十年以來守令政績, 從實訪問, 具名以聞.
『世宗實錄』

백성을 사랑하고 기르는 일에 마음을 다하라

수령은 나가서 백 리나 되는 땅을 맡아 다스리니 그 임무가 가볍지 않다. 오늘 그대들을 불러서 보는 것은 그 임무를 중요하게 여겨서이다. 근래에 홍수와 가뭄이 잇달아서 백성들의 삶이 염려되는데, 더구나 올해는 기후가 순조롭지 않아 장차 기근이 거듭해서 이를 것 같으니 이에 매우 애태우며 염려하고 있다.

그대들은 나의 지극한 마음속의 근심을 받들어 백성들을 사랑하고 기르는 일에 마음을 다하라. 긴급하지 않은 공물(貢物)은 내가 이미 감면하였으니, 그대들은 그 완급(緩急)을 살펴서 마음을 써 처리하도록 하라.

『세종실록』, 세종 7년(1425) 12월 8일, 정선과 무주지역의 현감으로 부임해 내려가는 지방 수령들을 격려하며

守令出宰百里, 其任匪輕, 今日引見, 重其任也. 近來水旱相仍,
民生可慮, 又況今年氣候不調, 將恐飢饉荐臻, 玆用軫慮. 爾等體
予至懷, 以愛養黎庶爲心. 不緊貢物, 予旣減除, 爾其審緩急, 用
意圖之.
『世宗實錄』

백성들이 굶어 죽지 않게
구휼에 힘써라

내가 듣건대 한 남자가 춥고 굶주려 다 죽게 되었는
데도 구휼해주는 사람이 아무도 없었다고 하니, 활인
원(活人院: 조선시대 서민 대상의 의료기관)에 명하여 구제
하고 치료하게 하라. 이것으로 살펴보면 지방의 많은
주현(州縣)과 넓은 토지에서 살 곳을 잃고 떠돌아다니
다가 굶주리고 지쳐 죽게 된 자가 어찌 없겠는가? 도
성 안의 한성부(漢城府), 지방의 감사와 수령은 진휼과
구제에 마음을 써서 혹시라도 굶주림으로 목숨을 잃
게 되는 일이 없도록 하라.

『세종실록』, 세종 12년(1430) 윤12월 10일

予聞有一男子飢寒濱死, 無人救恤, 其令活人院救療. 以此觀之,
外方州縣之多土地之廣, 豈無流離失所, 飢困致死者乎. 京中漢
城府外方監司守令, 用心賑濟, 毋或飢餓, 以致殞命.
『世宗實錄』

의부와 절부, 효자와 순손의
공로를 파악해 표창하라

의부(義夫: 정절 또는 신의를 지킨 남편)와 절부(節婦: 절개
를 지키는 부인), 효자(孝子)와 순손(順孫: 조부모를 잘 받들
어 모시는 손자)은 의리가 특별히 드러나야 할 것이니,
널리 방문하여 실제의 사적을 구체적으로 기록하여
공로를 표창할 수 있게 아뢰도록 하라. 바다나 육지의
전투에서 죽은 병사들의 자손들은 그들이 살고 있는
곳의 수령이 그 호(戶)의 요역(徭役: 백성의 노동력을 징
발하는 수취제도)을 면제하고 특별히 구휼해주고, 그 재
능이 있어 임용할 만한 자는 기용할 수 있게 아뢰도
록 하라.

『세종실록』, 세종 즉위년(1418) 11월 3일, 중앙과 지방인 경외의 신료들에
게 유시하기를

義夫節婦孝子順孫, 義所表異, 廣加訪問, 開具實迹, 啓聞旌賞.
水陸戰亡士卒子孫, 所在守令, 復戶優恤, 其有才能可任者, 啓聞
敍用.
『世宗實錄』

맡은 바 직책을 다하지 않는
수령을 찾아내라

고을의 못된 토호들이나 질 나쁜 아전들이 수령을 가지고 놀면서 양민들을 좀먹듯이 해치고 있다. 그러나 수령들 가운데 농락당하면서도 도리어 토호나 아전들이 능력이 있다고 여겨 신임하고 그들의 말만 들으면서 일을 맡기는 자가 간혹 있다. 이제부터는 수령으로서 직접 업무를 보려 하지 않고 아전이나 토호들에게 맡기는 자는 감사가 통렬히 살피고 처리하여 명단을 갖추어 아뢰도록 하라.

『세종실록』, 세종 즉위년(1418) 11월 3일, 중앙과 지방인 경외의 신료들에게 유시하기를

鄕愿品官元惡人吏, 操弄守宰, 蠹害良民, 而爲守令者, 墮其牢籠, 反以爲能, 信任偏聽, 委之以事者, 間或有之. 今後守令不肯親執庶務, 委諸人吏品官者, 監司痛行糾理, 具名以聞.
『世宗實錄』

44

백성을 구제 못 하는 죄는
진실로 나에게 있다

내가 듣건대 '임금이 덕이 없고 정사가 고르지 못하면, 하늘이 재앙을 내려 잘 다스리지 못함을 경계한다.'라고 한다. 내가 변변치 못한 몸으로 신민(臣民)의 위에 있으면서 밝게 비춰 주지 못하고, 덕으로 편안하게 해주지 못해 홍수와 가뭄으로 흉년이 해마다 그치지 않아 백성들은 근심과 고통으로 가족들이 뿔뿔이 흩어지고 창고도 텅 비어 구제할 수가 없다.

이제 4월이 되었는데, 다시 가뭄의 재앙을 만나게 되었다. 가만히 잘못에 대해 반성해보니 죄는 진실로 나에게 있다. 마음이 아프고 볼 낯이 없어서 어떻게 해야 하는지 알지 못하겠다.

바른 말을 서둘러 듣고 행실을 닦아 온화한 기운을 불러올까 하니, 대소신료(大小臣僚)들은 각기 하늘의 경계를 힘써 생각하여 위로는 과인의 잘못과 정령(政令)의 그릇됨, 아래로는 각 고을의 사정과 백성들의 이익과 병폐에 대해 거리낌 없이 직언하고 자신의 뜻

을 모두 드러내어 하늘을 두려워하고 백성을 걱정하
는 지극한 나의 마음에 부응하도록 하라.

『세종실록』, 세종 5년(1423) 4월 25일, 가뭄을 걱정하여 하교하기를

予聞, 人主不德, 布政不均, 則天示之災, 以戒不治. 予以眇眇之
身, 託乎臣民之上, 明不能燭, 德不能綏, 水旱凶荒, 連年不息, 百
姓愁苦, 戶口流離, 而倉廩匱竭, 無以賑恤. 今當正陽之月, 復罹
暵乾之災. 靜省咎徵, 罪實在予. 痛心靦面, 罔知攸濟. 渴聽讜言,
庶幾修行, 以召和氣, 大小臣僚, 其各勉思天戒, 上而寡躬之闕失
政令之疵愆, 下而田里休戚生民利病, 直言盡意, 無有所諱, 以副
予畏天憂民之至懷.
『世宗實錄』

종사의 막중함을 알고 그 시작을 신중히 할 것이다
왕의 정치에 있어 불쌍히 여겨야 할 것
선왕의 사업을 받들어 부족한 것을 보충했을 뿐이다
왕가의 법도가 화목한 것은 중전의 성품 덕이다
여러 사람의 의논을 취하지 않는 이유
신하를 돌봄에 있어 많고 적음을 따지지 말라
편안할수록 위태로울 수 있음을 잊지 않는다
은혜를 저버린 오랑캐는 반드시 처벌하라
어떤 일이 있더라도 맡은 바 책임을 다하라
나라를 다스리는 최고의 방법은 믿음을 보이는 것
장성처럼 머물러 북쪽에 대한 걱정을 풀어주어라
나라가 다스려질 때 도리어 혼란해질 수 있다
임영대군의 고신을 삭탈해 본보기로 삼고자 한다
물정에 어두운 말을 하는 것을 그릇되게 여긴다
일을 어렵게 여기면 반드시 성공한다
지나치게 술을 마시는 것을 신중히 삼가라
무릇 술로 인한 화는 매우 크니 경계하라
포로에게도 인정을 베풀다

2장

인으로 나라를
다스린다

종사의 막중함을 알고
그 시작을 신중히 할 것이다

삼가 생각건대 태조께서 왕업을 처음으로 개창하시고, 부왕 전하께서 대통(大統)을 이어받으시어 삼가고 조심하여 하늘을 공경하고 백성을 사랑하며, 충성이 천자(天子)에게 이르고 효도하고 공경함이 신명(神明)에 통하였다. 중앙과 지방이 다스려져 평안해지고, 나라의 창고가 넉넉하고 가득하며, 해적이 와서 복종하고, 문치(文治)는 융성하고 무위(武威)는 떨쳐졌다. 나라의 기강이 바로 서고 법도의 세부 사항이 확장되며, 예(禮)가 일어나고 악(樂)이 갖추어지고, 인자함이 깊어지고 은택이 두터워져 백성들의 마음에 젖어들었고, 공적은 융성해지고 의로운 기운은 성대해져 사책(史冊)에 넘쳤으니, 이러한 태평함의 극치는 옛날에도 있지 않은 것이며 오늘날까지 20년이나 드리웠다. 근래에 묵은 질병으로 정사를 듣기 힘이 드셔서 나에게 왕위를 이으라고 명하셨다. 나는 학문이 얕고 거칠며 아직 어려서 일을 경험하지 못해 거듭 사양하였으나 끝내 윤허를 얻지 못했다. 이에 영락 16년 무술년 8월 10일에 경복궁 근정전에서 즉위하면서 백관들의 하례를 받고, 부왕을 상왕으로 모시고 모후를 대비(大妃)로 모셨다. 일체의 제도는 모두 태조와 우리 부왕께서 이루어 놓으신 법도를 따를 것이며, 변경하는 것은 없다.

이 성대한 의례에 부쳐 너그러이 사면의 영을 선포해야 할 것이니, 영락 16년 8월 10일 새벽 이전까지 사건에서 모반대역(謀叛大逆)이나 조부모나 부모를 때리거나 죽인 것과 처첩이 남편을 죽인 것, 노비가 주인을 죽인 것, 독약을 쓰거나 귀신의 저주 같은 꾀를 내서 사람을 죽인 것, 강도를 범한 것을 제외하고는 이미 발각이 되었거나 안 되었거나, 이미 판결이 되었거나 안 되었거나 모두 죄를 면제하도록 하라. 감히 면제의 교지가 내리기 전의 일로 고발하는 자는 그를 그 죄로 다스릴 것이다. 아아, 왕위를 바로잡고 그 시작을 신중히 하여 종사의 막중함을 받들고, 어진 정치를 시행하고 분발해야 땀 흘려 물려주신 은혜를 받들 것이다.

『세종실록』, 세종 즉위년(1418) 8월 11일, 왕의 취임사인 즉위교서에서

恭惟太祖草創洪業, 惟父王殿下纘承丕緒, 小心翼翼, 敬天愛民, 忠誠格于天子, 孝悌通於神明. 中外乂安, 倉廩富實, 海寇賓服, 文治以隆, 武威以振. 綱擧目張, 禮興樂備, 深仁厚澤, 洽於民心, 隆功盛烈, 溢於史冊, 昇平之極, 古所未有, 垂二十年于兹矣. 近以宿疾, 倦于聽政, 命予嗣位. 予以學問疎淺, 少未經事, 辭至再三, 竟不蒙允. 乃於永樂十六年戊戌八月初十日, 卽位于景福宮勤政殿, 受百官朝賀, 尊父王爲上王, 母后爲大妃. 一切制度, 悉遵太祖及我父王之成憲, 無有變更. 屬兹盛禮, 宜布寬條. 自永樂十六年八月初十日昧爽以前, 除謀叛大逆歐及殺祖父母父母妻妾殺夫奴婢殺主蠱毒魘魅謀故殺人, 但犯强盜外, 已發覺未發覺, 已決正未決正, 咸宥除之. 敢以宥旨前事, 相告言者, 以其罪罪之. 於戲, 正位謹始, 以奉宗祧之重, 施仁發政, 方推渙汗之恩.
『世宗實錄』

왕의 정치에 있어
불쌍히 여겨야 할 것

환과고독(鰥寡孤獨: 늙은 홀아비와 홀어미 및 어려서 부모 없는 사람과 늙어서 자식이 없는 사람)과 피융잔질(疲癃殘疾: 곱사등이와 불구자)은 왕의 정치에 있어서 마땅히 불쌍히 여겨야 할 것이다. 중앙에서는 한성부의 5부(部)가, 지방에서는 감사와 수령이 상세히 심문(審問)하여 환상(還上: 의창에서 빌려주는 것)의 곡식과 진제(賑濟: 흉년을 당하여 가난한 백성을 도와줌)할 쌀을 우선 나누어 주어 그들의 처소를 잃지 않도록 하라.

더구나 지금은 흉년을 만났으니, 생업을 잃은 백성이 혹시라도 기근에 처할까 염려된다. 각 관아의 수령이 진휼할 때를 놓쳐 필부(匹夫)와 필부(匹婦)를 굶겨서 구렁텅이에 빠뜨린다면, 반드시 견책과 처벌을 시행할 것이다. 가난하고 궁핍한 집안에 시집갈 나이가 이미 지났는데도 시집보내지 못한 자가 있거나 장사지낼 날짜가 이미 다했는데도 매장하지 못한 자가 있다면 참으로 불쌍히 여길 만하다. 감사와 수령은 관아의

자재와 양식을 대주어 비용을 보조하여 때를 놓치지
않게 하라. 혹시 부모가 죽었는데 형제나 일족들이 노
비와 재산을 전부 가질 욕심으로 시집보내려고 하지
않는다면 통렬히 죄를 부과할 것이다.

『세종실록』, 세종 즉위년(1418) 11월 3일

鰥寡孤獨, 疲癃殘疾, 王政所當哀矜. 內而漢城府五部, 外而監司
守令, 詳加審問, 還上賑濟, 爲先分給, [國俗, 義倉所貸, 謂之還
上.] 毋致失所. 且今適値凶歉, 慮恐失業之民, 或値飢饉. 各官守
令, 如有失於賑濟, 匹夫匹婦, 餓莩溝壑, 定行責罰. 貧乏之家, 有
嫁年已過, 而不能婚嫁者, 有葬期已盡, 而不能埋葬者, 誠可哀悶.
監司守令官給資糧, 以助大費, 毋致失時. 或父母歿而同産一族,
利於全執奴婢財産, 不肯婚嫁者, 痛行科罪.
『世宗實錄』

선왕의 사업을 받들어
부족한 것을 보충했을 뿐이다

옛날부터 제왕이 선위(禪位: 임금의 자리를 물려줌)로 천하를 얻으면 문무(文舞)를 먼저 연주(演奏)하고, 정벌(征伐)로 천하를 얻으면 무무(武舞)를 먼저 연주하였다. 지금 태조께는 무무를 연주하고, 태종께는 문무를 연주해야 옳다. 태조께서는 천운(天運)에 응답하여 나라를 여셨고, 태종께서는 그 뜻을 계승하고 사업을 발전시켜 예악과 문물이 찬란하고 크게 갖추어지게 하셨다. 나는 다만 선왕들의 사업을 받들어 유지하고 지키며 가득 차게 이루어 부족한 것을 보충했을 뿐이다.

『세종실록』, 세종 14년(1432) 6월 14일, 세종이 사정전에 행차해 정척을 불러들여 말하기를

自古帝王, 揖讓而得天下, 則先奏文舞, 征伐而得天下, 則先奏武舞. 今於太祖奏武舞, 太宗奏文舞可也. 太祖應運開國, 太宗繼志述事, 禮樂文物, 粲然大備. 予則但承祖宗之業, 持守盈成, 補不足而已.
『世宗實錄』

왕가의 법도가 화목한 것은
중전의 성품 덕이다

근년 이후로 일이 이루어지지 않은 것이 많아 마음이 진실로 편치 않았다. 요즘 또 하나 괴이한 일(세자빈 봉씨의 궁궐 내 동성애 사건)이 있었는데, 말하는 것조차 수치스럽다. 우리 선왕들 이래로 왕가의 법도가 바로잡혀 있었고, 내 자신도 또한 중전의 내조에 힘입었다. 중전은 성품이 매우 유순하고 훌륭하여 투기하는 마음이 없었기에 태종께서 매번 나뭇가지가 늘어져 아래에까지 미치는 것과 같은 덕이 있다고 칭찬하셨다. 그래서 왕가의 법도가 지금에 이르기까지 화목했던 것이다.

『세종실록』, 세종 18년(1436), 10월 26일, 왕비인 소헌황후 심씨가 성품과 언행이 유순해 태종에게 칭찬을 받았음을 알리며

比年以來, 事多不諧, 心實無聊, 近又有一異事, 言之亦可羞恥.
我祖宗以來, 家法克正, 比及予身, 亦賴中宮之助. 中宮極柔嘉,
無妬忌之意, 太宗每稱有樛木逮下之德. 以故家道雍穆, 以至于今.
『世宗實錄』

여러 사람의 의논을
취하지 않는 이유

경들이 애초에 궁궐 안에는 안 된다고 하여 내가 이미 그 말을 따라 성 밖에 세우도록 허락했는데, 이제는 성 밖에도 안 된다고 하니 진정 세 살 먹은 어린아이를 달래는 것과 같다. 경들이 비록 『육전(六典)』에 의거해 말하지만, 『육전』의 법은 곧 아랫사람을 위해 말한 것이고 위를 위한 것이 아니다. 무릇 지금의 일은 위에서는 할 수 있어도 아래에서는 하지 못하는 것이 있다. 만약 낱낱이 거론해서 말한다면 많지 않겠는가?

경들이 불교의 도를 나쁘다고 여겨 입을 모아 간언하니, 나는 매우 가상히 여긴다. 만약 어진 임금이라면 반드시 경들의 말을 따르겠지만, 나는 부덕(否德)하여 따를 수가 없다. 내가 지금 혼자 판단하고 아랫사람들과 의논하지 않는 것은, 지금의 간언한 것이 대개 마음속에서 나오지 않았기에, 혹은 조정에서 의논하고 물러가서 "이것은 내 뜻이 아니다."라고 하거나, 혹은 임금에게는 안 된다고 하면서 자기는 그것을 하고 있거나, 혹은 마음은 비록 그렇지 않더라도 처자에게 이끌려 그것을 금하지 못하는 자가 있기 때문이다. 그 말과 행동이 이와 같기에 내가 일찍이 함께 의논하지 않은 것이다.

『세종실록』, 세종 30년(1448) 7월 19일, 궁궐 내 불당 건립을 둘러싼 군신의 논쟁이 험악하게 번져가자 당시 불당 건립을 반대하는 신하들에게 대응하며

卿等初以宮內爲不可, 予已從之, 許於城外立之, 今又以城外爲不可, 正如誘三歲小童也. 卿等雖據六典爲言, 然六典之法, 乃爲下而言, 非爲上也. 凡今之事, 有上所得爲, 而下不得爲者. 若枚擧言之, 不其多乎. 卿等以佛道爲非, 合辭以諫, 予甚嘉之. 若賢君則必從卿等之言, 予則否德, 不能從也. 予今獨斷而不議於下者, 以今之諫者類非出於中心, 或有議於朝廷而退言曰: "此非予意也." 或以君上爲不可而己則爲之, 或心雖不然, 而泥於妻子, 不能禁之者. 其言與行如此, 故予嘗不與之議也.
『世宗實錄』

신하를 돌봄에 있어
많고 적음을 따지지 말라

함길도(함경도의 옛 이름) 절제사 김종서(金宗瑞)의 아내
가 지금 공주(公州)에 사는데, 오랫동안 질병을 앓고
있으니 어육(魚肉)의 종류는 많고 적음을 따지지 말고
계속해서 보양할 수 있게 하라.

『세종실록』, 세종 21년(1439) 윤2월 15일, 북방을 지키던 김종서의 아내가
병들었다는 소식을 듣고는 충청도 관찰사에게 이르기를

咸吉道都節制使金宗瑞妻, 今居公州, 久患疾病, 魚肉之類, 勿論
多少, 連續惠養.
『世宗實錄』

편안할수록 위태로울 수 있음을 잊지 않는다

사람들이 모두 태평한 세상에서 어찌 성을 쌓느라 바빠하느냐고 말하는데, 나는 그렇지 않다고 생각한다. 편안할수록 위태로울 수 있다는 것을 잊지 않음은 나라를 위하는 도리이니, 어찌 적이 이르고 난 다음에 성을 쌓는 이치가 있겠는가? 성을 쌓는 일은 늦출 수 없지만, 경작하는 것이 많고 적음에 따라 군사를 호출하는 것은 이미 국령(國令)으로 정해져 있다. 과연 경의 말과 같다면 너무 지나치니, 병조에게 명하여 이전에 내렸던 전교를 살펴보고 거듭 밝혀 시행하라.

『세종실록』, 세종 14년(1432) 10월 10일

人皆言, 昇平之世, 何汲汲於築城乎, 予則以爲不然. 安不忘危, 爲國之道, 焉有寇至, 然後築城之理乎. 築城之事, 不可緩也, 然因所耕多少出軍, 已有令, 果如卿言, 則太過矣. 其令兵曹考前受教, 申明擧行.
『世宗實錄』

은혜를 저버린 오랑캐는
반드시 처벌하라

오랑캐를 방어하는 방도는 예전에도 좋은 계책이 없었다. 삼대(三代)의 제왕들은 오면 어루만지고, 가면 쫓아가지 않으면서 다만 기미(羈縻: 고삐를 묶듯이 견제만 하는 것)했을 뿐이다. 옛사람이 이와 같이 했던 까닭은 나라는 크고 작음에 상관없이 독이 있는 벌[蜂]과 같기 때문이다. 피차간에 죄 없는 백성들이 어찌 피해가 없겠는가?

그러나 파저강(婆猪江)의 적들은 이와 다르다. 지난 임인년 사이에 우리 여연(閭延: 평안북도 자성 지역의 옛 지명)을 침범하였고, 그 뒤에 홀라온(忽剌溫: 여진족 중의 한 부족)에게 핍박받아 내쫓기면서 그 소굴을 잃고는 그 족속들을 이끌고 와 강가에 살기를 애걸하기에 나라에서 가엾이 여겨 우리나라에 붙어 살 것을 허락하였으니, 품어 길러준 은혜가 적지 않다. 그런데도 이제는 은혜를 저버리고 까닭 없이 쳐들어와서 평민을 죽이고 잡아갔으니, 극도로 흉악한 죄는 목을 베어도 용서할 수 없다. 만약 토벌하지 않는다면 뒤에 뉘우치고 깨달음이 없어 해마다 반드시 이와 같은 일이 있을 것이다.

『세종실록』, 세종 15년(1433) 1월 19일, 여진족 토벌과 관련해 조정에서 의견이 분분하자 평안도 도절제사 최윤덕과 도진무 등을 불러서 설득하며

禦戎之道, 古無良策, 三代帝王, 來則撫之, 去則不追, 但羈縻之而已. 古人所以如此者, 國無大小, 蜂蠆有毒, 彼此之間, 無罪之民, 豈無受害乎. 然婆猪江賊異於是. 去壬寅年間, 侵我閭延, 其後爲忽剌溫所迫逐, 失其巢穴, 携其家屬, 乞住江濱, 國家憐之, 許令寄住我國, 卵育之恩, 不爲少矣. 今者負德背恩, 無故入侵, 殺掠平民, 窮兇極惡, 罪不容誅. 若不征討, 後無悔悟, 每年必有如此之事矣.
『世宗實錄』

어떤 일이 있더라도
맡은 바 책임을 다하라

지금 올린 글을 보고 경의 뜻을 벌써 다 알았다. 경이 어버이의 상(喪)에 정성을 다하고자 하니, 그 뜻이 진실로 좋다. 그러나 예로부터 임금이 중요한 업무에 관계된 신하 가운데 어쩔 수 없이 탈정기복(奪情起復: 복상 중에도 직무를 보게 하던 제도)시킨 사람이 꽤나 많으며, 또 선왕들이 정해서 지켜오던 법에서도 장상(將相: 장수와 재상)의 신하는 관계된 업무가 아주 중대하면 어버이의 상을 당해도 특별히 교지를 내려 기복시킨 것이 「예전(禮典: 『경국대전(經國大典)』의 『육전』 중 하나로, 예조가 관장하는 제도와 절차를 수록함)」에 기재되어 있다. 내가 생각건대 함길도는 경계가 저 오랑캐 땅에 연접해 있어서 수비와 방어의 긴요함이 본래 다른 도와 비교가 안 된다. 하물며 지금 새로 설치한 군·읍을 어루만져 편하게 하는 방법은 또한 평상시와 비교가 안 된다. 경은 옛일을 상고하는 능력과 일을 다스리는 재주가 있으며, 일찍이 측근의 직책에 있었으니 내 뜻을 잘 알아서 막중한 임무를 맡을 만했기 때문에 일찍이 명하여 도관찰사로 삼았다가 또 도절제사로 옮겼다. 북방에 오래 있어 지방 풍속을 상세하게 보았고, 적의 약하고 강함과 백성의 실정과 허위를 다 잘 알아서 처리하고 조치할 방법이 있었기 때문에 내 뜻은 단연코 경에게 북쪽 관문의 책임을 맡겼던 것이다.

지난번에 모친의 상(喪)을 당해 군영의 문이 오래 비게 되어 내가 매우 걱정하였다. 이미 장사를 지냈으니, 옛날의 기복시켰던 예에 따라 옛 임무에 돌아가게 한다는 내 뜻은 이미 결정되었다. 비록 사직소를 올리더라도 끝내 따를 리가 없을 것이니, 다시는 올리지 말고 억지로라도 상복을 벗고 빨리 그 직책에 나아가라.

『세종실록』, 세종 18년(1436) 1월 21일, 김종서의 사직소를 받고

今見所進書, 已悉卿意. 卿之欲自盡於親喪, 其意固善. 然自古人
君於關係之臣, 不獲已奪情起復者頗多. 且祖宗成憲, 將相之臣,
關係至重, 父母之喪, 特旨起復, 載在禮典. 予念咸吉道, 境連彼
土, 守禦之緊, 本非他道之比. 况今新設郡邑撫綏之方, 又非常時
之比, 卿有稽古之力治事之才, 嘗居近職, 備知予意, 可當重任,
故曾命爲都觀察使, 又移都節制使. 久居北方, 熟見土俗, 敵之輕
重民之情僞, 備悉知之, 處置有方, 故予意斷然以卿委北門之寄.
頃者, 適遭母喪, 轅門久虛, 予甚慮焉. 旣葬之後, 從古起復之例,
俾還舊任. 予意已決, 書疏雖上, 終無可從之理, 愼勿再進, 强脫
衰絰, 速就厥職.
『世宗實錄』

나라를 다스리는 최고의 방법은 믿음을 보이는 것

나라를 다스리는 법은 믿음을 보이는 것 만한 것이 없다. 처음에는 저폐(楮幣: 쌀 한 되에 해당되는 종이돈)를 보배로 여겨 그것을 쓰라고 하다가 이제는 오로지 엽전만 쓰게 하고 지폐는 헛되이 버리게 하니, 백성들 가운데 저폐를 가진 자가 어찌 근심하고 한탄함이 없겠는가? 민간에 엽전을 주고 저화를 거둬들여야 옳을 것이다. 그러나 저화는 많은데 오히려 엽전이 적을까 염려된다.

『세종실록』, 세종 7년(1425) 4월 14일, 동전과 저화의 교환에 대하여 논의하던 중 여러 신하에게 이르기를

爲國之道, 莫如示信, 初以楮幣爲寶而用之, 今專用錢而空棄之, 民之有楮幣者, 豈無愁歎. 給錢於民間, 以收楮貨可矣. 然恐楮貨多而錢尙少也.
『世宗實錄』

장성처럼 머물러 북쪽에 대한
걱정을 풀어주어라

사나운 비바람 속에 매우 고생이 많다. 경이 처음 진(鎭)에 부임할 때, 변방의 보고가 급박하여 명령을 받자마자 떠나게 되어 노모(老母)를 살펴볼 겨를도 없었을 것이다. 내가 진실로 그것을 안타깝게 여겨 일찍이 사람을 보내 경의 노모를 돌보게 한 것은 이미 다 알 것이라고 생각한다.

경이 북쪽 관문을 지키고부터 변방의 군정(軍政)은 날마다 정비되고 거행되어 간사한 도적들이 몰래 도발했어도 여러 차례 이겼다는 보고가 들리니, 변방의 백성들이 꽤나 편하게 쉴 수 있게 되었다. 지난 가을 경원(慶源)의 전투에서 경이 몸을 일으켜 단신으로 나와 몸소 화살과 돌을 무릅쓰고 싸우자, 마침내 여러 장교들이 앞을 다투며 나아가 힘을 다해 싸워 적을 격파하였으니, 경의 충의는 내가 무겁게 의지하는 바다. 경이 진(鎭)에 있은 지 두 해가 되어 가니, 규례로는 마땅히 교대하고 돌아와야 한다. 나는 생각건대 인재

구하기 어렵다는 탄식이 옛날부터 그러했겠지만, 장
수의 임무를 어찌 가벼이 제수할 수 있겠는가? 하물
며 지금 군사가 경의 위엄과 은혜에 익숙하고, 적들도
경의 용맹과 지략을 두려워하는 데 있어서는 어떻겠
는가? 다른 장수들에게 주의를 기울여봐도 경과 바꿀
만한 자는 없다.

옛날 송나라 태조 때, 변방에 주둔한 장수 가운데 이
한초(李漢超)와 마인우(馬仁瑀) 같은 사람은 모두 그 직
에 오래 있었고, 수십 년이 되어도 교대하지 않았다.
옛사람의 조치에는 진실로 깊은 뜻이 있다. 경은 마
땅히 나를 위해 장성(長城)처럼 머물러서 나의 북쪽을
돌아보는 걱정을 풀어 달라.

『세종실록』, 세종 6년(1424) 11월 29일, 함길도 도절제사 하경복에게 보낸
편지에서

甚苦暴露. 卿初赴鎭, 邊報方急, 受命卽行, 不暇省視老母. 予實憫之, 曾道人存恤卿母, 想已知悉. 自卿守北門, 邊防軍政, 日以修擧, 姦寇竊發, 屢以捷聞, 塞上之民, 頗得寧息. 去秋慶源之役, 卿挺身獨出, 親冒矢石, 遂致群校爭進, 力戰破敵, 繄卿忠義, 予所倚重. 卿之在鎭, 且將再期, 例當遞還. 予惟才難之歎, 自古而然, 將帥之任, 豈容輕授. 況今軍士熟卿之威惠, 敵人畏卿之勇略. 注意謀帥, 無以易卿. 昔宋太祖之世, 緣邊屯戍之將, 若李漢超馬仁瑀之徒, 皆久於其職, 或數十年不代. 昔人措置, 良有深意. 卿當爲予, 留作長城, 以紓予北顧之憂.
『世宗實錄』

나라가 다스려질 때
도리어 혼란해질 수 있다

물이 배(舟)에게 주는 의미를 생각해볼 때, 구당(瞿塘: 양자강 상류에 있는 협곡으로 뱃길이 매우 험악함)만큼 어진 것이 없고, 계간(溪澗: 산골짜기에서 흐르는 시냇물)만큼 어질지 못한 것이 없다. 그래서 옛날 제왕들은 모두 편안할 때 위태로울 수 있다는 것을 잊지 않았고, 나라가 다스려질 때 혼란해질 수 있다는 것을 잊지 않았다.

우리나라는 근년에 와서 다행히도 하늘의 돌보심과 선왕들의 도우심에 힘입어 동쪽으로는 야인(野人)에 대한 걱정이 근절되고 남쪽으로는 섬 오랑캐들에 대한 걱정이 없어졌다. 군사들이 창을 메지 않고 백성들이 모두 편히 자게 되니, 우리나라의 편안함이 오늘날과 같은 적이 없었다. 대저 인정이 오랫동안 편안함에 익숙해지면 점점 느슨해져 비록 갑작스러운 환란이 있어도 반드시 막아낼 계책을 잊어버릴 것이다. 병무는 나라의 중대한 일이다. 근래에 농번기와 엄동설한 일 때는 지방의 군사들에게 번상(番上: 지방의 군사가 군역을 치르기 위해 차례에 따라 서울로 올라오는 것)을 명령하지 않은 지 몇 해가 되었다. 혹시라도 나태함에 안주하여 경계하고 신칙함(단단히 타일러 경계함)을 잊을까 염려되니, 지방 군사들에게 7월부터 번상하되 시기를 따지지 말고 순번에 따라 교대하도록 명령하라.

『세종실록』, 세종 12년(1430) 5월 16일

水之於舟, 莫仁於瞿塘, 而莫不仁於溪澗也. 故古之帝王, 以皆安不忘危, 理不忘亂. 我國比年以來, 幸賴上天之眷祖宗之祐, 東絶野人之患, 南無島夷之憂. 士不荷戈, 民皆莫枕, 我國之安, 莫今日若也. 大抵人情習於久安, 則漸以陵夷, 雖有倉卒之患, 必忘守禦之謀. 兵戎, 國之大事也. 近來盛農嚴寒之時, 不令外方軍士番上者有年矣. 慮或安於急惰, 忘其戒飭, 可令外方軍士自七月番上, 不計時候, 連番遞直.
『世宗實錄』

72

임영대군의 고신을 삭탈해
본보기로 삼고자 한다

구(璆: 세종의 넷째 아들 임영대군)는 성품이 본래 배우기를 게을리하고 행동도 멋대로 할 때가 많은데, 형제들이 많기 때문에 그 고신(告身: 관원에게 품계와 관직을 임명할 때 주는 임명장)을 삭탈해서 여러 자식들을 경계하려 한다. 무릇 사람이 젊어서 호화로운 것에 익숙하면 장성하여 교만하게 되고, 젊어서 고난을 겪으면 어른이 되어 성취하게 된다.

이제 구의 죄는 입으로 말할 수 없는 일도 아니고, 또한 종사(宗社)에 관계되는 죄도 아니다. 또 이를 규찰(糾察)하는 것도 곧 종부시(宗簿寺: 왕실의 계보의 편찬과 종실의 잘못을 규찰하는 임무를 관장했던 관청)의 직무이지 대간에서 규명하여 처리할 수 있는 것이 아니다.

『세종실록』, 세종 21년(1439) 5월 4일, 임영대군의 잘못과 그 처벌에 대해 이르기를

璆性本懶學, 行多狂妄, 兄弟衆多, 故收奪告身, 以警諸子耳. 凡
人少習豪華, 則壯而驕逸, 少涉艱苦, 則長而成就. 今璆之罪, 非
口不可道之事, 亦非關係宗社之罪. 且糾察, 乃宗簿之職, 非臺諫
所得糾理也.
『世宗實錄』

74

물정에 어두운 말을
하는 것을 그릇되게 여긴다

강무(講武: 조선시대 왕의 친림 하에 실시하는 군사훈련으로
서의 수렵대회)의 절차는 군무와 국정의 중대한 일이
다. 이는 곧 태종께서 자손을 위해 법으로 이루어 놓
으신 것이어서 폐지할 수 없다. 대간들이 일찍이 이것
을 생각하지 않고 다만 이것을 임금 한 사람의 하고
싶은 것으로 여겨 이렇게 번잡하게 간언을 하고, 대신
중에서도 간혹 비난하는 자가 있기에 이르니, 이것은
곧 물정에 어두운 말이고 따를 수 없다.
『맹자』에서 말하는 '머리가 아프고 콧날을 찡그릴' 일
이라면 거행해서는 안 되겠지만, 한해 봄과 가을 두
차례의 강무로 백성이 여기에 이르지는 않을 것 같
으니 폐지할 수 없다. 내가 지난번에 평안도 국경의
각 관아에서 성을 쌓던 일을 가지고 보니, 마땅히 할
만한 때인데도 모두 "올해가 풍년이 아니라 백성들
을 부릴 수 없습니다."라고 말했는데, 이제 와서 변란
이 발생했을 때 갑자기 성을 쌓는다면 백성들을 수고

롭게 하는 것이 도리어 더 심할 것이다. 정치의 대체
는 고려하지 않고 다만 폐해의 제거만을 높이 들어서
번잡하게 물정에 어두운 말이나 하는 것을 나는 매우
그릇되게 여긴다.

『세종실록』, 세종 16년(1434) 1월 15일, 강무를 정지할 것을 요청하는 신하들을 비판하며

講武一節, 軍國重事. 是乃太宗爲子孫成憲, 不可廢也. 臺諫曾不
念此, 徒以此爲人君一己之欲, 玆煩進諫, 至於大臣容或有非之
者, 此乃迂言也, 不可從也. 若如孟子疾首蹙頞之擧, 則不可行也,
一年春秋兩等講武, 民若不至於此, 不可廢也. 予以已往平安道
沿邊各官築城之事視之, 當其可爲之時, 皆曰: "年未豐, 不可役
民." 及今變生, 倉卒築城, 其爲勞民, 反有甚焉. 不顧治體, 徒以
除弊相高, 煩爲迂闊之言, 予甚非之.
『世宗實錄』

일을 어렵게 여기면
반드시 성공한다

대개 일을 쉽게 생각해서 하게 되면 일이 끝내 이루
어지지 못하지만, 그 일을 어렵게 생각해서 하는 사
람은 일이 반드시 이루어지니, 너는 그것에 힘쓰도록
하라.

『세종실록』, 세종 9년(1427) 12월 8일, 새로 칠원 현감으로 부임하는 양봉
래를 격려하고 당부하며

大抵易其事而爲之, 事竟不成. 難其事而爲之者, 事必成, 爾其
勉之.
『世宗實錄』

지나치게 술을 마시는 것을
신중히 삼가라

경이 술을 마시면서 법도를 잃은 것이 한 번이 아니었고, 내가 경에게 술을 너무 많이 마시지 말라고 한 것 또한 한두 번이 아니었다. 신하는 임금이 비록 물이나 불 속으로 들어가라고 명해도 오히려 피하지 않아야 하는데, 하물며 다른 것은 어떻겠는가? 자기의 주량을 헤아려 한두 잔이나 반 잔 정도만 마신다면 어찌 어지러이 실성하여 위엄과 예의를 잃는 데까지 이르겠는가? 이제부터 지나치게 마시는 것을 신중히 삼가라. 따르지 않으면 마땅히 죄를 물을 것이다.

『세종실록』, 세종 12년(1430) 12월 22일, 술에 취해 서연의 강의를 빼먹는 윤회를 질책하며

卿之飮酒失度者非一次, 予之禁卿崇飮, 亦非一再矣. 臣之於君, 雖命入水火中, 尙且不避, 況其他乎. 量己之量, 或『飮一二盃, 或飮半盃, 則何至於迷亂失性, 以喪威儀乎. 自今愼勿過飮. 不從則當罪之.
『世宗實錄』

무릇 술로 인한 화는
매우 크니 경계하라

내가 듣건대 술을 마련하는 것은 술 마시는 것을 숭상해서가 아니라 신명을 받들고, 손님을 대접하며, 나이 많은 이를 봉양하기 위한 것이다. 그래서 제사를 지내면서 술을 마시면 술잔을 올리고 돌려받고 하는 것을 예절로 여기고, 활쏘기를 하면서 술을 마시면 두 손을 공손히 하며 사양하는 것을 예의로 여긴다.

시골에서 활쏘기 할 때의 예는 친목을 가르치기 위한 것이고, 노인을 봉양할 때의 예는 연령과 덕행을 숭상하기 위한 것이다. 그런데도 여전히 "손님과 주인이 백 번 절하고 술을 세 번 돌린다."라고 하고, 또한 "종일 술을 마셔도 취할 수 없다."고 했으니, 선왕께서 술의 예절을 제정하며 술로 인한 화를 대비한 것이 매우 지극하셨다.

후세로 내려와서 풍속과 습관이 옛날 같지 않고, 오직 크게 많이 차리는 것에만 힘쓰기 때문에 금주(禁酒)하는 법이 비록 엄중해도 끝내 그 화를 구제할 수 없으니, 한탄스러움을 이길 수 있겠는가?

무릇 술로 인한 화는 매우 크니, 어찌 그저 곡식을 썩히고 재물을 허비하는 일뿐이겠는가? 술은 안으로 마음과 의지를 손상시키고, 겉으로는 위엄과 예의를 잃게 한다. 혹은 부모를 봉양하지 않기도 하고, 혹은 남녀의 분별을 문란하게도 하니, 크게는 나라를 잃고 집안을 망하게 하고, 작게는 본성을 파괴시키고 목숨을 잃게 한다. 그것이 나라의 기강과 질서를 더럽혀 어지럽히고 풍속을 무너뜨리는 것은 낱낱이 거론하기 어렵다.

『세종실록』 세종 15년(1433) 10월 28일, 술이 개인과 나라에 미치는 폐해를 지적하며

蓋聞酒醴之設, 非以崇飮, 所以奉神明享賓客養高年者也. 是以
因祭而飮, 以獻酬爲節, 因射而飮, 以揖讓爲禮. 鄕射之禮, 所以
敎親睦也, 養老之禮, 所以尙齒德也. 然猶曰:"賓主百拜而酒三
行." 又曰:"終日飮酒而不得醉." 則先王所以制酒禮而備酒禍者,
至矣盡矣. 降及後世, 俗習不古, 惟荒腆是務, 故禁酒之法雖嚴,
而終不能救其禍, 可勝歎哉. 夫酒之爲禍甚大, 豈特糜穀費財而
已哉. 內弱心志, 外喪威儀. 或廢父母之養, 或亂男女之別, 大則
喪國敗家, 小則伐性喪生. 其所以漬亂綱常, 敗毁風俗者, 難以枚擧.
『世宗實錄』

포로에게도
인정을 베풀다

군사가 파저강(婆猪江)에 이르러 사람이나 물건을 포획하게 된다면 그 가운데 늙은이나 어린아이는 굶기거나 피곤하게 하지 말고, 부녀자들은 군인들과 뒤섞이지 않도록 하며, 거느리고 올 때 다만 부녀자들은 한곳에서 잠잘 수 있도록 하라.

「세종실록」, 세종 15년(1433) 3월 22일, 파저강 토벌(여진족 정벌) 성공 후 황희 등에게 이르기를

師到婆猪江, 若能捕獲人物, 則其中老幼, 毋使飢困, 婦女則勿令
軍人混雜, 率來時只使婦女, 一處頓宿.
『世宗實錄』

융통성과 원칙 중 하나를 고집할 수 없다
법은 모름지기 어지럽게 변경하지 말아야 한다
시행할 수 없는 법은 세울 수 없다
좋은 법이라도 반드시 폐단이 있다
술을 금지하는 경우를 바꿔야 하는 이유
사람의 목숨은 소중하니 법에 따라 죄를 결정하라
나이 어린 자와 나이 든 자는 자자하지 말라
죄인을 고문할 때 등을 때리지 못하게 하라
너무 어리거나 늙은 죄인은 구금을 금지하라
옥에 물동이를 두어 죄수가 더워 먹지 않게 하라
법을 세우는 것은 백성에게 믿음을 보여주는 것이다
형벌을 내릴 때는 조심하고 또 조심하라
천한 노비라도 함부로 죽여서는 안 된다
옥을 설치한 이유를 명심해 그 시행을 지극히 하라
참혹하게 형벌을 쓰지 않도록 하라
등에 채적질하는 것을 모두 금하라
형벌을 신중히 하고 동정하라
옥 안을 늘 정결하게 하고, 병든 죄인을 치료하라
옥에 갇혀 죽는 사람이 없게 하라
공법과 답험에 대해 깊이 논의하라

3장

법은 인간을 위한 것이다

융통성과 원칙 중 하나를
고집할 수 없다

법에는 권(權: 융통성)과 경(經: 원칙)이 있어서 하나를
고집할 수는 없다. 김후(金厚)가 비록 죄가 있기는 하
지만, 지금 이미 제수하였으니 바꿀 수 없었다. 수령
의 직책을 수행하는 자가 관교(官敎: 임금이 문무관 1품
에서 4품까지의 관리에게 내리는 교지)를 받는 것은 법으
로 이미 확립되었다. 비록 다시 서경(署經: 관리 임명이
나 법령 제정 등에 대간의 서명을 거치는 제도)의 법을 세운
다고 하더라도 진실로 이롭거나 해로울 것이 없을 것
이다.

『세종실록』, 세종 25년(1443) 10월 12일, 좌정언 윤면이 김후의 본직 환임
이 불가하다고 건의한 것에 대해 반대하며

法有權經, 不可執於一也. 厚雖有罪, 今已授之, 不可改也. 守令
行職者受官敎, 其法已立. 雖更立署經之法, 固無關於利害矣.
『世宗實錄』

법은 모름지기 어지럽게
변경하지 말아야 한다

법을 시행하려고 한다면 모름지기 금석(金石)같이 굳어야 하고 어지럽게 변경하지 말아야 할 것이다. 이제 강경법(講經法:『사서오경』중 지정된 부분을 읽고 해석한 뒤 시관의 질문에 대답하는 구술시험)은 이미 여러 문신들과도 의논하여 반드시 거행하지 않을 것인데, 어찌 번거롭게 법전에 기재하겠는가?

『세종실록』, 세종 12년(1430) 8월 13일, 현재의 강경법이 『육전』에 기재되는 것을 허락하지 않으며

若欲行法, 須堅如金石, 勿令紛更可也. 今講經之法, 已議諸文臣,
必不擧行, 何煩載于令典乎.
『世宗實錄』

시행할 수 없는 법은
세울 수 없다

무릇 법을 세우는 것은 시행하기 위해서인데, 시행할
수 없는 법은 세울 수 없는 것이다.

『세종실록』, 세종 25년(1443) 9월 2일, 사헌부의 장령인 조자가 무당을
쫓아내는 내용의 법을 만들 것을 청하자 이에 대응하여

凡立法, 爲可行也, 不可立不可行之法也.
『世宗實錄』

좋은 법이라도
반드시 폐단이 있다

윤대(輪對: 문무관원이 차례로 임금에게 정치에 관한 의견을 아뢰던 일)할 때의 말은 임금 혼자 듣고 밖에 누설하지 않으며, 그 말이 혹시 사실에 맞지 않더라도 또한 죄를 주지 않는다. 그래서 마음에 품은 것이 있으면 숨김없이 다 아뢰게 되어 간혹 진위(眞僞)가 서로 섞이기도 하지만 임금에게는 유익한 것이 많다. 그 사람을 보고 그 말을 듣고서 그의 현명함의 여부와 이득과 손해를 알게 되는 것 또한 하나의 행운이다. 예로부터 비록 좋은 법이라고 하더라도 반드시 그 폐단이 있는 것이다.

『세종실록』, 세종 13년(1431) 3월 5일, 지신사(도승지) 안숭선과 이야기를 주고받으며

然輪對之語, 君上獨聽, 而不洩於外, 言或不中, 亦不加罪. 故心有所蘊, 則盡陳無隱, 間雖眞僞相混, 然有益於人主者多矣. 觀其人聽其言, 而知其賢否得失, 亦一幸也. 自古雖善法, 必有其弊.
『世宗實錄』

술을 금지하는 경우를 바꿔야 하는 이유

매번 술을 금할 때마다 청주(淸酒)를 마신 자는 죄를 받은 적이 없고, 탁주를 마시거나 혹 이를 매매하는 자가 도리어 죄에 걸리니 사정이 딱하다고 할 만하다. 이제부터 술을 금하는 때라도 부모 형제를 맞이하고 배웅하거나 늙고 병들어 약으로 마시거나 이러한 일들을 매매하는 자는 금하지 말고, 회합을 위해 술을 마시거나 다른 사람을 맞이하고 전송하기 위해 마시는 자는 일체 금하는 것이 어떠한가? 의정부와 육조와 대간이 간하여 아뢰라.

『세종실록』, 세종 2년(1420) 윤1월 23일, 금주 단속에서 예외가 되어야 할 불가피한 경우에 대해 논하며

每禁酒之時, 飮淸酒者, 曾不被罪, 飮濁醪或買賣者, 反罹於罪, 情可矜也. 自今禁酒時, 凡父母兄弟迎餞老病服藥及買賣者勿禁, 其會飮及他人迎餞者, 一禁何如. 議諸政府六曹臺諫以啓.
『世宗實錄』

사람의 목숨은 소중하니
법에 따라 죄를 결정하라

형률에 '주인으로서 노예(奴隷)를 죽인 자는 죄가 없다.'라고 했는데, 이는 윗사람과 아랫사람의 분별을 엄하게 한 것이다. 또한 '주인으로서 노비(奴婢)를 죽인 자는 장형(杖刑)을 받는다.'라고 했는데, 이는 사람의 목숨을 소중히 여기는 것이다.

노비 또한 사람이다. 법에 따라 죄를 결정하지 않고 가혹하게 형장을 가해 죽인다면, 진실로 그 주인이 자상하게 사랑으로 돌보고 길러주는 인(仁)을 어긴 것이니, 그 죄를 다스리지 않을 수 없다.

『세종실록』, 세종 12년(1430) 3월 24일, 종을 때려 죽인 최유원을 형조에 명하여 엄중히 국문할 것을 지시하며

律云主殺奴隷者, 無罪, 此則嚴上下之分也, 又云主殺奴婢者, 服杖罪, 此則重人命也. 奴婢亦人也. 不依法決罪, 而酷加刑杖以死, 實違其主慈愛撫育之仁, 不可不治其罪也.
『世宗實錄』

나이 어린 자와 나이 든 자는
자자하지 말라

나이 어린 자는 나중에 잘못을 고칠 수 있고, 나이 든
자는 남은 생이 얼마 없으니 모두 자자(刺字: 죄인의 살
갗에 상처를 내고 먹물로 글자를 새겨 전과를 표시하는 형벌)
하는 것은 마땅하지 않다. 나이가 70세 이상이거나
15세 이하인 자는 자자(刺字)하지 말라.

『세종실록』, 세종 11년(1429) 7월 30일, 얼굴에 문신을 새겨 넣는 벌에 대
해 재가하며

幼者後有改過之理, 老者餘生無幾, 皆不宜刺字. 年七十以上
十五歲以下者, 勿刺字.
『世宗實錄』

죄인을 고문할 때 등을
때리지 못하게 하라

사람의 오장(伍臟)은 모두 등에 가까워 등을 다쳐 죽
는 사람이 흔히 있다. 그래서 이미 법을 세워 등을 때
리지 못하게 했다. 그러나 관리가 분노를 이기지 못하
여 공공연히 등을 때리고, 또 개인 집에서 고문을 할
때 대체로 등을 때리는 일이 많아 자못 사람의 목숨
을 해치고 있으니 참으로 마음 아파할 만하다.

이제부터는 중앙과 지방의 관리나 그 외 누구든지 어
린 사람이나 노비들을 고문할 때 등을 때리지 못하게
하여 죄인을 신중하게 다루려는 나의 뜻에 부응하도
록 하라.

『세종실록』, 세종 12년(1430) 11월 21일

人之五臟, 皆近於背, 因傷背而死者, 比比有之. 故已曾立法, 勿
令鞭背. 然官吏不勝憤怒, 公然鞭背, 且於私門拷掠之際, 率多鞭
背, 頗傷人命, 誠可痛心. 自今京外官吏及大小人, 拷掠卑幼及奴
婢之時, 毋得鞭背, 以副予欽恤之意.
『世宗實錄』

94

너무 어리거나 늙은 죄인은
구금을 금지하라

옥(獄)에 갇히는 것과 매질을 당하는 것은 사람들이
공통적으로 괴로워하는 것이다. 그 가운데서도 늙은
이와 어린이는 더욱 불쌍한데, 관리들이 간혹 경중을
구분하지 않고 툭하면 형틀에 얽어맨다. 또한 늙은이
나 어린이에게 납속(納贖: 처벌을 면하기 위해 돈을 바치는
것)하게 하는 것은 그 몸을 상하지 않게 하려는 것인
데, 간혹 가벼운 죄에도 툭하면 고문을 가한다.

이제부터 15세 이하와 70세 이상인 자는 살인과 강
도를 제외하고는 구금을 허락하지 않는다. 80세 이상
이나 10세 이하는 비록 죽을죄를 지었더라도 구금하
거나 고문하지 말고, 모두 여러 사람의 증언에 의거하
여 죄를 결정하라. 어기는 자가 있으면 죄를 줄 것이
니 중앙과 지방에 두루 알려주도록 하라.

『세종실록』, 세종 12년(1430) 11월 27일

囹圄之繫, 箠楚之加, 人所共苦. 其中老幼, 尤爲矜恤. 而官吏等
或不分輕重, 輒枷鎖拘繫. 且贖老幼者, 欲其不傷肌膚, 而或於輕
罪, 輒加拷訊. 自今十五歲以下七十歲以上者, 除殺人强盜外, 不
許囚禁. 八十歲以上十歲以下, 雖犯死罪, 亦勿囚禁拷訊, 皆據衆
證定罪. 如有違者, 罪之, 其遍諭中外.
『世宗實錄』

옥에 물동이를 두어 죄수가
더위 먹지 않게 하라

내가 전에는 더위를 두려워하지 않다가 몇 년 전부터
비로소 더위가 들기 시작했는데, 손으로 물을 가지고
놀았더니 더운 기운이 저절로 풀렸다. 이것으로 생각
해보건대 죄수가 옥에 있으면 더운 기운이 들기 쉽고
혹 생명을 잃을 수도 있으니, 참으로 애처로워 할만하
다. 더운 때가 되면 물동이에 물을 채워 옥중에 두고
자주 물을 갈아주어 죄수들이 그 손이라도 씻게 하여
더운 기운이 들지 않게 하는 것이 어떠한가? 전에 이
러한 법이 있었는가? 살펴보고 아뢰도록 하라.

『세종실록』, 세종 30년(1448) 7월 2일

予前此不畏暑, 自年前始中暑, 以手弄水, 暑氣自解. 因念罪囚在
牢獄, 暑氣易著, 或致殞命, 誠可哀也. 當其暑時, 以盆盛水置獄
中, 屢更其水, 使囚人或盥其手, 俾暑氣不得着如何. 前有此法歟.
其考以啓.
『世宗實錄』

법을 세우는 것은 백성에게
믿음을 보여주는 것이다

그 말의 요지를 살펴보니 의도는 좋다. 그러나 법을
세우는 것은 백성에게 믿음을 보여주는 것이다. 어찌
백성의 좋아하고 싫어함에 따라 다시 바꿀 수 있겠는
가? 화폐의 법이 관부에서만 홀로 시행되고 민간에서
는 시행되지 않는다면, 백성에게 믿음을 보여주는 것
이 아니다.

옛날에 삼장지목(三丈之木: 전국시대 상앙이 법의 신뢰성과
원칙을 보여주기 위해 세워두었다는 나무 막대기)을 세워 놓
고 믿음을 얻었던 자도 있다. 지금 화폐법의 시행은
그만두어야 한다면 그만두어야 하겠지만, 만약 운용
하기로 한다면 어찌 이와 같이 어지럽게 변경하겠
는가?

『세종실록』, 세종 8년(1426) 2월 26일, 대제학 변계량이 화폐법을 민간과
관부에서 융통성 있게 운용하자고 건의하자

觀其辭旨, 意則美矣. 然立法, 所以示信於民也. 豈可以民之好惡,
而更改乎. 錢幣之法, 獨行於官府, 而不行於民間, 則非所以示信
於民也. 古者立三丈之木, 以取信者有之. 今錢法之行, 可已則已,
如其用之, 何若是其紛更乎.
『世宗實錄』

형벌을 내릴 때는
조심하고 또 조심하라

형벌로 다스림을 돕고 법률로 형벌을 결정하는 것은 고금의 통상적인 법이다. 비록 그렇지만 법조문을 기재하는 것에는 한계가 있는데 사람이 죄를 범하는 것에는 끝이 없다. 그래서 형서(刑書)에 '율에 바로 들어맞는 조목이 없으면 이에 가까운 율을 끌어온다.'라는 문구가 있다. 형벌은 진실로 성현도 신중하게 하는 것으로 위아래로 털끝만큼 비부(比附: 어떤 죄에 맞는 적합한 법의 조문이 없을 때 사정과 조리를 고려한 뒤 비슷한 조문과 서로 비교하여 죄를 정하는 것)하더라도 더욱 동정해서 정해야 할 것인데, 지금 법을 맡은 관리는 비부하면서 대체로 무거운 법을 따르니 내가 매우 딱하게 여긴다. 죄가 가벼운 듯도 하고 무거운 듯도 하여 사정과 이치가 서로 비슷한 것은 마땅히 가벼운 법을 따라야 하고, 만약 그 사정과 이치가 무거운 쪽에 가까운 것이면 법에 부합하도록 해야 한다. 『서경』에서 '조심하고 조심하라. 형을 내릴 때 조심하라.'라고 했는데, 내가 가슴에 담고 있는 것이다. 또한 '네가 맡은 옥사(獄事)를 조심하여 나의 왕국을 장구하게 하라.'라고 했으니 관리들은 유념할 것이며, 형조에서는 중앙과 지방에 잘 알려주도록 하라.

『세종실록』, 세종 7년(1425) 7월 19일, 관리들이 백성을 덕으로 감화시키기보다 엄격한 형벌로 처벌하는 태도를 취한다고 지적하며

刑以輔治, 律以斷刑, 古今之常典也. 雖然, 律文所載有限, 而人之所犯無窮. 所以刑書: '有律無正條, 引律比附'之文. 夫刑, 固聖賢之所愼, 而上下比附毫釐之際, 尤所當恤, 今之法吏, 於比附之際, 率從重典, 予甚愍焉. 罪之疑於輕疑於重, 情理相等者, 則當從輕典, 若其情理近於重者, 務合於法. 書曰欽哉欽哉, 恤刑之欽哉, 予所服膺. 又曰式敬爾由獄, 以長我王國. 攸司其念之. 惟爾刑曹, 曉諭中外.
『世宗實錄』

천한 노비라도
함부로 죽여서는 안 된다

우리나라의 노비의 법은 위아래의 구분을 엄격하게 하기 위한 것이니, 나라의 기강과 법도가 이것으로 말미암아 더욱 견고해진다. 그래서 노비가 죄가 있어 그 주인이 그를 죽였을 때 논의하는 자들은 으레 모두 그 주인을 치켜세우고 그 노비를 억누르면서 이것은 진실로 좋은 법이고 아름다운 뜻이라고 한다.

그러나 상벌은 임금의 큰 권한이다. 임금이라고 하더라도 무고(無辜)한 사람을 죽여 선한 사람은 복을 주고 간사한 사람은 화(禍)를 주는 하늘의 법칙을 어겨서는 안 된다. 더구나 노비가 비록 천하다고 하더라도 하늘이 내린 백성 아님이 없다. 신하로서 하늘이 내린 백성을 부리는 것으로도 만족하다고 할 만한데, 멋대로 형벌을 행하여 무고한 사람을 함부로 죽일 수 있겠는가?

임금의 덕은 살리기를 좋아해야 할 뿐이다. 무고한 사람이 많이 죽는 것을 보고 앉아서 편안하게 금하지도

않고 그 주인을 치켜세워야 옳다고 말해서야 되겠는
가? 나는 매우 옳지 않게 여긴다.

『세종실록』, 세종 26년(1444) 윤7월 24일

本國奴婢之法, 所以嚴上下之分, 綱常由是而益固, 故奴婢有罪
而其主殺之, 議者例皆揚其主而抑其奴, 此誠良法美意也. 然賞
罰, 人君之大柄. 以人君而殺一無辜, 天之福善禍淫, 尙且不僭,
況奴婢雖賤, 莫非天民也. 以人臣而役天民 亦云足矣, 其可擅行
刑罰而濫殺無辜乎. 人君之德, 好生而已. 坐見無辜之多死, 恬然
不禁, 而乃曰揚其主可乎. 予甚以爲不可也.
『世宗實錄』

옥을 설치한 이유를 명심해
그 시행을 지극히 하라

옥을 설치함은 죄가 있는 자를 징벌하기 위한 것이지, 사람을 죽을 곳에 두려는 것이 아니다. 중앙과 지방의 관리들은 그들을 불쌍히 여기지 않아 옥을 더럽고 눅눅하게 하며, 또한 굶주리고 춥게 핍박하고 질병에 걸리게 하여 일찍 죽음에 이르기 쉽다. 그래서 그 구호하고 보살피는 방법이 『육전』에 갖추어 기록되어 있을 뿐 아니라, 여러 번 교지를 내려서 틀림없이 타이르고 깨우쳤다. 그러나 옥을 맡은 관리들이 받들어 시행함이 지극하지 못해서 마침내 죄수들을 죽어 넘어뜨리게 하였으니, 죄인을 신중하게 다루려는 뜻에 어긋났다. 이제부터 도성 안의 사헌부와 지방의 감사가 거듭 분명하게 살피도록 하라.

『세종실록』, 세종 12년(1430) 4월 28일, 감옥에서 죄수가 원통하게 죽어 가는 일이 없어야 한다고 명하며

犴獄之設, 以懲有罪, 非欲置人於死地也. 中外官吏不加哀矜, 令
犴獄汚穢卑濕, 又使迫飢寒罹疾病, 易致夭札. 故其救護之方考
察之法, 非惟具載六典, 累降敎旨, 丁寧曉諭. 然司獄官吏奉行未
至, 遂使囚徒枉致殞斃, 有違欽恤之意. 自今京中憲司外方監司,
申明考察.
『世宗實錄』

참혹하게 형벌을
쓰지 않도록 하라

채찍질을 관부(官府)의 형벌로 하는 것은 고금의 공통
적인 제도다. 우리 조정도 관부의 형벌은 형률에 비
추어 논의하고 결정하는 것 외에 각 관청의 부사(府
史: 지방 관아에 딸려 실무를 맡아 처리하던 하급 말단 서기)·
복례(僕隷: 지방의 관노 및 양반이 거느리는 종)의 무리들
은 모두 채찍을 사용하되 쉰 대를 넘지 못하게 하고,
어긴 사람은 감독하여 다스리도록 법령에 기재되어
있다.

서울과 지방의 관리들은 심각하게 다루는 데 힘을 써
어떤 때는 죄가 열 대에 해당되는데 쉰 대를 사용하
기도 하고, 어떤 때는 양쪽 가죽을 합쳐 꿰매서 채찍
을 만들어 너무 두껍고 아주 강하게 하며, 어떤 때는
머리채를 붙잡아 빙 돌리기도 하여 괴로움의 정도가
태형(笞刑)·장형(杖刑)보다 갑절이나 된다. 비록 가벼
운 죄일지라도 상처를 입어 목숨을 잃는 사람이 간혹
있기도 하니, 죄가 있는지 의심이 되는 것은 가볍게

한다는 뜻에 어긋남이 있다. 우리 조정에서는 고을의 백성이 고소하는 것은 이미 금지한다는 명령이 있어 형벌을 받은 사람은 비록 원망을 품고 고소하지 못하지만, 형벌을 집행하는 사람이 감정대로 꺼림이 없게 해서는 안 된다. 이제부터 그 범한 죄의 경중에 따라 열 대 내지 스무 대에서 쉰 대까지 죄를 헤아려 시행하고, 참혹하게 형벌을 쓰지 말도록 하여 나의 형벌을 신중히 하려는 뜻에 부합하도록 하라.

『세종실록』, 세종 17년(1435) 9월 30일, 매 때리는 규정을 형조에 명하며

鞭作官刑, 古今通制. 本朝官府之刑, 照律論決外, 各司府史僕隸之屬, 皆用其鞭, 毋過五十, 違者糾理, 載在令甲. 京外官吏務在深刻, 或罪當一十, 而率用五十, 或合縫兩革爲鞭, 過厚甚剛, 或扶髮周回, 困苦之甚, 倍於笞杖. 雖輕罪, 致傷殞命者, 容或有之, 有違於罪疑惟輕之意. 我朝部民告訴, 已有禁令, 受刑者縱不可以懷怨告訴, 行刑者不可以任情無忌. 自今隨其所犯輕重, 或一十二十, 以至於五十, 量罪施行, 毋慘用刑, 以副予欽恤之意.
『世宗實錄』

등에 채찍질하는 것을
모두 금하라

당 태종이 일찍이 침이나 뜸도 제자리에 놓지 않으면 그 피해가 죽는 것에 이른다고 하여 죄인들의 등에 채찍질을 하지 말라고 조서를 내렸다. 지금 관리들 가운데 간혹 아전이나 백성들의 작은 허물 때문에 문득 그 등에 채찍질을 하여 죽음에 이르게 하는 자가 있는데, 지금 이후로는 하나같이 모두 엄히 금하도록 하라.

『세종실록』, 세종 2년(1420) 11월 5일, 죄수들의 등에 채찍질을 하는 것에 대해 엄중히 경고하며

唐太宗嘗以針灸失所, 其害至死, 下詔罪人毋得鞭背. 今官吏或
因吏民小過, 輒鞭其背, 因而致死者或有之, 今後一皆痛禁.
『世宗實錄』

형벌을 신중히 하고
동정하라

내가 생각건대 선왕들께서 형벌을 쓴 것은 형벌이 없어지기를 기대해서였으니, 어찌 차마 무지한 백성을 법에 있어서 과중하게 조치할 수 있겠는가? 태형(笞刑) 한 대나 곤장 한 대도 그 적절함을 잃는다면 원망을 부르고 온화한 기운을 해침이 어쩌면 혹 이것에서 기초가 될 수 있다. 이제부터 왕의 교지로 금했던 법령을 어긴 자가 있더라도 받들어 실행하는 현임 관리를 제외한 모든 평민 잡범들은 각기 본래의 법률로 죄과를 판단하고, 이전과 비슷한 것으로 비부하여 들어오고 나가는 것이 있지 않도록 하여, 하나같이 옛날에 법률을 제정했던 본래 의도를 따르고, 형벌을 신중히 하고 죄인을 동정하는 과인의 지극한 뜻에 부응하도록 하라.

『세종실록』, 세종 6년(1424) 8월 21일

予惟先王用刑, 期于無刑, 豈忍以無知之民, 重置之於法乎. 一笞一杖, 尚失其中, 召怨傷和, 或基於此. 自今有犯王旨禁令者, 除合該奉行見任官吏外, 大小人民雜犯, 各以本律科斷, 毋得似前比附, 有所出入, 一遵古昔制律之本意, 以副寡人欽恤之至意.
『世宗實錄』

옥 안을 늘 정결하게 하고, 병든 죄인을 치료하라

옥이란 죄 있는 자를 징벌하기 위한 것이지, 본디 사람을 죽음에 이르게 하는 것이 아니다. 그런데 옥을 맡은 관원이 마음을 써서 살피지 않고, 사람을 심한 추위와 찌는 더위에 가두어 질병에 걸리게 하기도 하고, 얼고 굶주려 제명이 아닌데 죽게 하는 일이 없지 않으니, 진실로 가련하고 민망할 만한 일이다.

중앙과 지방의 관리들은 나의 지극한 뜻을 받들어 수시로 몸소 살피도록 하라. 옥 안을 수리하고 쓸어서 늘 정결하게 하고, 질병 있는 죄수는 약을 주어 구호하고 치료하며, 옥바라지할 사람이 없는 자에게는 관에서 옷과 먹을 것을 주어 구호하라. 그 가운데 마음을 써서 받들어 실행하지 않는 자는 도성 안에서는 사헌부가, 외방에서는 감사가 엄중히 규명하여 다스리도록 하라.

『세종실록』, 세종 7년(1425) 5월 1일, 죄수들이 억울하게 죽거나 병들지 않게 할 것을 명하며

獄者, 所以懲有罪, 本非致人於死, 司獄官不能用心考察, 囚人於祈寒盛暑, 或罹疾病, 或因凍餓, 不無非命致死, 誠可憐憫. 中外官吏, 體予至意, 無時身親考察. 修掃圄圄, 常令潔淨, 疾病罪囚, 施藥救療, 無養獄者, 官給衣糧救護. 其中不用心奉行者, 京中憲府, 外方監司嚴加糾理.
『世宗實錄』

옥에 갇혀 죽는
사람이 없게 하라

옥이라는 것은 본래 악을 징계하자는 것이요, 사람을
죽음에 이르게 하는 것이 아니다. 그런데 옥을 맡은
관리가 마음을 써서 규찰하지 아니하여 옥에 갇힌 사
람들이 병에 걸리기도 하고, 혹은 얼거나 굶주리기도
하고, 혹은 옥졸의 핍박과 고문으로 인해 원통하게 목
숨을 잃는 자가 없지 않아 있다.

명하니 서울 안에서 옥에 갇힌 죄수 중에 죽은 자가
있으면 죄의 경중을 분별하지 말고 모두 다 사연을
갖추어 아뢰라. 지방에서는 다만 죄수 가운데 죽은 자
를 형조에만 보고하고 아뢰지 않으니, 서울과 지방의
법이 달라 실로 편안하지 못하였다. 이제부터는 지방
의 죄수 가운데 죽음에 이른 자도 또한 경중을 불문
하고 본래 범한 죄명, 처음 수감된 월일, 병에 걸린 일
시, 치료한 약과 병의 증세, 고문하고 장을 때린 횟수,
죽게 된 일시를 갖추어 기록하여 형조에 공문을 보내
고, 또한 별도로 아뢰어 정해진 법식이 되게 하라.

『세종실록』, 세종 19년(1437) 1월 23일, 감옥에서 죄수가 원통하게 죽어가는 일이 없어야 한다고 명하며

獄者, 本以懲惡, 非致人於死. 而司獄官吏不用心糾察, 繫獄之人, 或罹疾病, 或因凍餓, 或因獄卒侵逼榜掠隕命致冤者, 不無有之. 令京中獄囚有致死者則不分罪之輕重, 竝皆具辭以啓. 外方只報死囚之致死者於刑曹, 而又不啓達, 京外異法, 實爲未便. 今後外方獄囚致死者, 亦不問輕重, 具錄本犯罪名始囚月日得病日時救藥病證訊杖次數致死日時, 移文刑曹, 且別啓聞, 以爲恒式.
『世宗實錄』

3장 법은 인간을 위한 것이다

공법과 답험에 대해
깊이 논의하라

백성들이 안 된다고 한다면 그것을 시행해서는 안 된다. 그러나 손실답험(損實踏驗: 농사의 잘되고 못된 것을 관원이 실제로 답사하여 조세의 등급을 매기던 제도)할 때 각자 본 것을 고집하여 공정성을 잃은 것이 꽤나 많다. 또 간사한 아전들이 꾀를 써서 부유한 자는 편하게 하고 빈천한 자는 괴롭게 하니, 내가 매우 염려하고 있다. 각 도에서 보고한 것이 모두 도착하면 공법(貢法: 토지에 따라 매기는 조선 전기의 조세법)과 편함과 불편함과 답험의 폐해 구제 같은 일들은 모든 관리들이 깊이 논의하여 아뢰도록 하라.

『세종실록』, 세종 12년(1430) 7월 5일, 관리들이 현장에 나가 실제 수확량을 헤아려 세금을 매기는 손실답험법의 폐단과 폐해를 지적하며

民若不可, 則未可行之. 然損實踏驗之際, 各執所見, 頗多失中.
且姦吏用謀, 富者便之, 貧者苦之, 予甚應焉. 各道所報皆到, 則
貢法便否及踏驗救弊等事, 令百官熟議以啓.
『世宗實錄』

정치를 하는 요체는 인재를 얻는 것이다
어느 시대라도 인재는 반드시 있다
인재는 천하와 국가의 지극한 보배다
인재를 등용할 때 다른 이의 의견을 경청하라
신분에 상관없이 능력으로 인재를 뽑아야 한다
정치가 흥성하려면 영웅적인 인재가 필요하다
훌륭한 재상을 얻으면 나라에 근심이 없다
재야에 있는 재능 있는 선비의 명단을 갖추어 아뢰어라
임금과 신하가 서로 부족한 부분을 채우다
모두에게 옳고 그름을 묻다
사직하겠다는 청을 받아들이지 않는 이유
누구나 한 가지는 잘하는 것이 있는 법이다
전심전력으로 다스린다면 이루어지지 않을 것이 없다
관원들과 의논해 벼슬을 제수하다
이전의 허물을 면하려고 노력하는 것이 사람의 감정이다
관리의 실적을 평가할 좋은 방법을 찾아라
임금은 아랫사람을 교묘하게 속이면 안 된다
과거를 열고 선비를 취해 성실한 인재를 얻는다
비록 아랫사람일지라도 그릇됨을 알면 간언하라
어찌 한 사람도 간절히 간언하는 자가 없는가
상서와 재변을 두루 말해야 옳다
아첨하는 신하를 가장 미워한다

4장

인재를
소중히 여긴다

정치를 하는 요체는
인재를 얻는 것이다

정치를 하는 요체는 인재를 얻는 것이 가장 우선이다. 관원이 그 직무에 적합한 자라면 모든 일이 두루 다 스려진다. 동반 6품과 서반 4품 이상의 직위로 시관(時官: 현직에 있는 관리)과 산관(散官: 관리가 될 자격은 있으나 실제 직책이 없는 사람)에 구애받지 말고 지략과 용력이 남보다 뛰어나 변방을 지킬 만한 자, 공정하고 총명하여 수령이 될 준비가 된 자, 사무에 능숙하고 두뇌가 명석하여 아주 번거로운 일을 처리할 수 있는 자 3명을 각각 천거하여 임용에 충당하게 하라.

혹 인재를 알기 어려우면 굳이 과마다 각기 한 사람씩 구하지 말고, 다만 아는 대로 3인을 천거하라. 사사로움에 따라 잘못 천거하여 재물을 탐하고 정사를 어지럽게 하여 그 해가 백성에게 미치게 만든 자는 법률을 살펴서 죄를 과하되, 혹시라도 느슨함이 있게 하지 말라.

『세종실록』, 세종 5년(1423) 11월 25일, 신료들에게 인재를 천거할 것을 지시하며

爲政之要, 得人爲最. 官稱其職, 則庶事咸治. 其令在位東班六品西班四品以上, 不拘時散, 各擧智勇過人, 可守邊塞者, 公正聰明, 可備守令者, 諳練詳明, 可處煩劇者三人, 以充任用. 其或人材難知, 不必每科各求一人, 但以所知通擧三人, 如有循私謬擧, 致使貪汚亂政, 害及生民者, 按律科罪, 毋或有貸.
『世宗實錄』

어느 시대라도
인재는 반드시 있다

옛사람이 "어느 시대라도 인재는 없겠느냐?"라고 했
으니, 지금도 또한 사람은 반드시 있을 것인데, 다만
알아내서 쓰지 못하는 것일 뿐이다.

『세종실록』, 세종 20년(1438) 4월 28일

古人云何代無人, 今亦必有其人矣, 但不能知而用之耳.
『世宗實錄』

인재는 천하와 국가의
지극한 보배다

인재는 천하와 국가의 지극한 보배다. 군주 중에 누가 인재를 들어다 쓰지 않으려 하겠는가. 그러나 인재를 제대로 쓰지 못하는 경우가 세 가지 있으니, 첫째는 인재를 알아보지 못하는 것이요, 둘째는 인재를 절실하게 구하지 않는 것이요, 셋째는 임금과 뜻이 합치되지 못하는 것이다. 현명한 인재가 불우한 경우도 세 가지가 있으니, 첫째는 임금과 소통하지 못하는 것이요, 둘째는 임금에게 공경을 받지 못하는 것이요, 셋째는 임금과 뜻이 합치되지 못하는 것이다.

알아보지 못하는 임금과 소통하지 못하는 인재가 서로 만나는 것은 두 맹인이 만나는 것과 같다. 인재를 등용하고 육성하고 분별하는 데 있어 어떤 방법을 써야 되겠는가. 각자 마음을 다해 대답하라.

강희맹, 『사숙재집』, 권6 「育才辨才用才之道」, 세종 29년(1447년) 시행한 과거시험의 문제

人材, 天下國家之極寶也. 其源出於心氣, 心氣陶於政化, 相因變化, 賢愚類分. 人主孰不擧而用之. 而不能者有三焉, 一者不知, 二者不切, 三者不合. 賢之不遇有三焉, 一者不通, 二者不敬, 三者不合. 不知者與不通者相遇, 比如兩盲. 用材育材辨材, 何術得之. 其各悉心以對.
『私淑齋集』,「育才辨才用才之道」

인재를 등용할 때
다른 이의 의견을 경청하라

비록 그것을 실행하고자 해도 어찌 내 한 몸으로 사람들의 어질고 어질지 못한 것을 다 살필 수 있겠는가? 반드시 유사가 면밀하게 선정하기를 기다린 다음에 내가 다시 살펴보고 제수해야 옳을 것이다.

『세종실록』, 세종 13년(1431) 11월 5일, 임금이 친히 인재를 골라서 써야 한다는 신하들의 주장에 답변하며

雖欲行之, 豈以予一己, 而盡察人之賢否乎. 必待有司之精選, 然後予更察, 而除授可也.
『世宗實錄』

신분에 상관없이 능력으로
인재를 뽑아야 한다

행사직(行司直) 장영실(蔣英實)은 그 아비가 본래 원나
라의 소주(蘇州)·항주(杭州) 사람이고 어미는 기생인
데, 솜씨가 남들보다 뛰어나서 태종께서 보호하셨고,
나도 또한 아꼈다.

임인년(1422년)·계묘년(1423년) 무렵에 상의원(尙衣
院) 별좌(別坐)를 시키려고 이조 판서 허조(許稠)와 병
조 판서 조말생(趙末生)과 의논했는데, 허조는 "기생
의 소생을 상의원에 임용할 수는 없다."라고 하고, 조
말생은 "이런 무리가 더욱 상의원에 맞는다."라고 하
여 두 의론이 일치되지 않기에 내가 굳이 하지 못했
다. 그 뒤에 다시 대신들과 의논했는데, 유정현 등이
"상의원에 임명할 수 있다."라고 하기에 내가 그것에
따라 별좌를 시켰다.

영실의 사람됨은 다만 솜씨만 있는 것이 아니라 똑똑
하기가 남들보다 뛰어나 매번 강무할 때마다 내 곁에
서 가까이 받들게 하여 내시를 대신하여 명령을 전하

기도 했다. 그러나 어찌 이것을 공적이라 하겠는가?
지금 자격궁루(自擊宮漏: 저절로 종을 치는 물시계)를 만들
었는데, 비록 나의 가르침을 받든 것이지만 이 사람이
아니었더라면 반드시 만들지 못했을 것이다.

내가 듣건대 원나라 순제(順帝) 때 자격궁루가 있었다
고 하지만, 그 만듦새의 정교함이 아마도 영실의 정교
함에는 미치지 못했을 것이다. 만세토록 전해 줄 기물
을 만들어 낼 수 있었으니, 그 공이 작지 않아 호군(護
軍)의 직첩을 더해 주려고 한다.

『세종실록』, 세종 15년(1433) 9월 16일, 안숭선에게 명하여 천인 출신인
장영실에게 호군의 관직을 더해 줄 것을 의논하게 하며

行司直蔣英實, 其父本大元蘇·杭州人, 母妓也. 巧性過人, 太宗
護之, 予亦恤之. 壬寅癸卯年間, 欲差尙衣院別坐, 議于吏曹判書
許稠兵曹判書趙末生, 稠曰:"妓産不宜任使於尙衣院." 末生曰:
"如此之輩, 尤宜於尙衣院." 二論不一, 予不敢爲. 其後更議大臣,
柳廷顯等曰:"可任尙衣院." 予從之, 卽差別坐. 英實爲人, 非徒
有巧性, 穎悟絶倫, 每當講武, 近侍予側, 代內竪傳命. 然豈以是
爲功乎. 今造自擊宮漏, 雖承予敎, 若非此人, 必未製造. 予聞元
順帝時, 有自擊宮漏, 然制度精巧, 疑不及英實之精也. 能製萬世
相傳之器, 其功不細, 欲加護軍之職.
『世宗實錄』

정치가 흥성하려면
영웅적인 인재가 필요하다

한 세대의 정치가 흥성하려면 반드시 한 세대의 영웅적인 인재가 있어야 하고, 만세의 공을 세웠으면 마땅히 만세의 남다른 은총을 받아야 한다. 이는 옛날이나 지금이나 공통된 의견이고, 나라의 변하지 않는 법규이다.

『세종실록』, 세종 6년(1424) 7월 11일, 우의정 정탁에게 제사를 내리는 교서에서

興一代之治, 必有一代之英材, 立萬世之功, 宜膺萬世之異寵. 此古今之公論, 而國家之恒規.
『世宗實錄』

128

훌륭한 재상을 얻으면
나라에 근심이 없다

이전 왕조와 건국 초기에 간혹 무신(武臣)을 재상으로 삼기도 했는데, 어찌 모두가 윤덕보다 나은 자이겠는 가? 그를 수상(首相)으로 삼아도 되겠지만, 말이 많고 절실하지 않다. 하륜(河崙)이 재상이 되어 여러 정무 (政務)를 결정할 때, 조영무(趙英武)가 거기에 대해 옳으니 그르니 하는 일이 없었다. 만약 하나의 훌륭한 재상을 얻는다면, 나라의 일은 근심걱정이 없게 될 것이다.

『세종실록』, 세종 14년(1432) 6월 9일, 여진족 토벌의 공을 세운 최윤덕을 정승으로 임명할지에 대해 김종서와 논의하다가

前朝及國初, 或以武臣爲相, 豈皆過於閏德者乎. 雖爲首相亦可, 但多言而不切. 河崙爲相, 斷決庶務, 趙英武無所可否於其間, 若 得一相, 則國事可無虞矣.
『世宗實錄』

재야에 있는 재능 있는 선비의 명단을 보고하라

재능과 도의를 품고서도 초야에 은거하며 이름이 세상에 알려지기를 구하지 않는 선비가 있을 것이다. 내가 장차 자문을 구하기 위해 이들에게 임무를 줄 것이니, 감사는 두루 찾아보고 명단을 갖추어 아뢰도록 하라.

『세종실록』, 세종 즉위년(1418) 11월 3일, 중앙과 지방인 경외의 신료에게 유시하기를

懷才抱道, 隱於草萊, 不求聞達之士. 予將顧問, 授之以任, 監司 旁求, 具名申聞.
『世宗實錄』

130

임금과 신하가
서로 부족한 부분을 채우다

비록 과인(寡人)이 있었다고 하더라도 만약 김종서가 없었다면 이러한 일을 처리하기에 부족했을 것이고, 비록 김종서가 있었다고 하더라도 만약 과인이 없었다면 이 일을 주도하기에 부족했을 것이다.

『연려실기술』, 제3권 세종조 고사본말

雖有寡人, 若無宗瑞, 不足以辨此事, 雖有宗瑞, 若無寡人, 不足以主此事.
『練藜室記述』

옳고, 그름을
모두에게 묻다

의정부·육조의 관리들과 도성 안의 전직 관리들, 각
도의 감사·수령과 품관(品官: 품계를 가진 모든 관리)들로
부터 일반 백성들에 이르기까지 모두에게 가부(可否)
를 묻고 들어보도록 하라.

『세종실록』, 세종 12년(1430) 3월 5일, 공법 시행에 대한 백성의 의견을
묻기 위해 전국적인 여론조사를 지시하며

命自政府六曹各司及京中前銜各品, 各道監司守令品官, 以至閭
閻小民, 悉訪可否以聞.
『世宗實錄』

사직하겠다는 청을
받아들이지 않는 이유

나는 생각건대 재상이라는 직책은 중요하니, 국가가
그에게 의지하기 때문이다. 인재를 얻기 어려움은 예
나 지금이나 같다. 경은 세상을 다스릴 재주와 실제로
쓸 수 있는 학문을 지니고 있으며, 정책을 모의함은
온갖 사무를 아우르기에 넉넉하고, 덕망은 모든 관료
의 사표가 되기에 충분하고 생각한다. 그래서 선왕께
서 신임하셨던 것이고 과인이 의지하고 신뢰하는 것
이다. 재상이 되기를 명한 것은 진실로 온 나라가 바
라보는 것에 부응한 것이다.

지난번에 세자가 아침에 보러 갈 때는 마침 경이 상
중이었지만, 나라의 일에 관계하는 중신에게는 기복
출사(起復出仕: 부모의 상중에 벼슬에 나아감)하게 하는 성
헌(成憲: 제정되어 지켜오던 법)이 있기 때문에 억지로 슬
퍼하는 정을 빼앗고, 조호(調護: 세자를 보좌하는 관직)의
임무를 맡겼던 것이다. 권도(權道)를 따라 상복을 벗
는 것은 이미 옛사람이 행한 것이다. 상기를 단축하

고 길복을 입은 것에 대해 어찌 세상의 논란이 감히 일어날 수 있단 말인가? 이때부터 경의 사직하겠다는 청이 비록 간절하였으나, 책임과 촉망은 더욱 깊어졌다.

묘당(廟堂)에 의심스러운 일이 있을 때마다 경은 곧 시귀(蓍龜: 점칠 때 쓰이는 시초(蓍草)와 거북이 등껍질인 귀갑(龜甲))였고, 정사와 형벌을 의논할 때마다 경은 곧 권형(權衡: 저울추와 저울대)이었으니, 무릇 시행했던 모든 일이 모두 경을 우러르고 찬양하게 한다. 이제 어찌 헛된 소문 때문에 갑자기 대신의 임무를 사직하려 하는가? 내가 이미 그 사정을 잘 알고 있는데도, 경은 어찌 그렇게 마음에 두고 있는가? 과인이 책임을 맡기고 성취를 요구한 의도에 전혀 맞지 않는다. 하물며 경은 아직 늙어 흐릿한 나이에 이르지도 않았는데, 어찌 넘치도록 가득 찬 자리라고 근심하는가? 맵거나 단 약을 조제(調劑)하는 방도로, 옳은 것은 바

치고 옳지 않은 것은 버리게 하는 충성을 마땅히 더
해 미치지 못한 것을 번갈아 수정해 가며 영원토록
아무런 문제없이 국운을 지키는 것이 내가 바라는 것
이다. 혹시라도 고사하지 말고 서둘러 그 자리로 나아
가라.

『세종실록』, 세종 10년(1428) 6월 25일, 정적이기도 했던 황희를 중용하
는 이유를 밝히며

予惟輔相之重, 國家所依. 人材之難, 古今所同. 惟卿經世之才,
適用之學, 謀猷足以綜萬務, 德望足以師百寮. 皇考之所信任, 寡
躬之所倚毗. 爰命作相, 允副具瞻. 曩者世子朝見之時, 適卿居憂
之日, 以關係之重臣, 有起復之成憲, 故勉奪哀懇之情, 以寄調護
之任. 夫從權脫衰, 旣古人之所行, 短喪卽吉, 何時論之敢興. 自
是辭請雖切, 責望益深, 廟堂有疑, 卿乃蓍龜, 政刑有議, 卿乃權
衡, 凡厥施爲, 皆仰贊襄. 乃何以浮言之故, 遽辭大臣之任乎. 予
已得其事情, 卿何介於心慮. 殊非寡人委任責成之意也. 況卿未
至老耄之年, 何憂盛滿之位. 當益以調劑辛甘之道獻可替否之
忠, 交修不逮, 永保無疆, 予所望也. 毋或固辭, 亟踐乃位.
『世宗實錄』

누구나 한 가지는
잘하는 것이 있는 법이다

대저 사람에게 한 가지의 능력은 있는 법이다. 익평부
원군(益平府院君)은 성질이 원래 광망(狂妄)한데다 별
다른 재주와 덕망도 없었지만 부지런하기로 이름을
얻었고, 변처후(邊處厚)는 비록 재주와 덕망은 없어도
관직에 있으면서 부지런하고 조심하였으니, 이것이
취할 만한 것이다. 너를 이 두 사람과 비교하는 것은
아니나, 쓸 만한 재주가 있으니 공무에 마음을 다한다
면 너 또한 신임을 얻을 것이다. 너는 나의 지극한 생
각을 받들어 더욱 힘쓰도록 해라.

『세종실록』, 세종 26년(1444) 5월 29일, 첨지중추원사 정척을 사역원 제
조를 삼으며 격려하며 이르기를

大抵人有一能. 益平府院君, 性本狂妄, 別無才德, 然以勤得名,
邊處厚, 雖無才德, 然居官勤謹, 此其可取者也. 惟爾非此二人之
比, 以有用之才, 盡心公務, 予亦信任. 爾其體予至懷, 更加勉勵.
『世宗實錄』

전심전력으로 다스린다면
이루어지지 않을 것이 없다

나는 어떠한 일이든 전심전력으로 다스린다면 이루
어지지 않을 것이 없다고 생각한다. 지금 별도로 하
나의 직책을 세워두고 사람을 선택해 맡기는데, 전구
서령(典廐署令) 김기지(金器之) 같은 사람을 얻어 직위
가 높으면 행직(行職: 품계에 비해 낮은 직책을 맡기는 것)
을 주고, 직위가 낮으면 본래의 품계대로 주어 오랫동
안 맡기면서 전심전력으로 다스리게 한다면 일을 쉽
게 이룰 수 있다.

『세종실록』, 세종 12년(1430) 9월 11일, 직조사(織造司)의 신설 여부에 대해
신하들과 의논하던 중에

予意以謂凡事專治, 則無不成. 今別立一司, 擇人而任之, 得如典
廐署令金器之者, 職高則授行職, 職卑則授本品, 久任專治, 則事
可易成矣.
『世宗實錄』

관원들과 의논해
벼슬을 제수하다

내가 아직 인물들에 대해 잘 알지 못하니, 좌의정·우
의정과 이조·병조의 당상관과 함께 의논하여 벼슬을
제수하려고 한다.

「세종실록」, 세종 즉위년(1418) 8월 12일, 즉위한 직후 도승지 하연에게
말하기를

予未知人物, 欲與左右議政吏兵曹堂上, 同議除授.
『世宗實錄』

이전의 허물을 면하려고
노력하는 것이 사람의 감정이다

사안이 사유(赦宥: 왕이 죄인을 특사하는 제도)를 거쳤으니, 어찌 김윤수(金允壽) 하나 때문에 큰 신뢰를 잃을 수 있겠는가? 또한 사람의 감정이란 직책을 맡다가 실수가 있는데도 다시 그 직책을 제수하면 곧 이전의 허물을 면하려고 하여 마음을 고쳐먹고 생각을 바꾸게 되는 것이다. 그래서 직책을 빼앗지 않았다.

『세종실록』, 세종 17년(1435) 6월 17일, 야인의 습격을 고하지 않은 어연
군수 김윤수에게 재임을 허락하며

事經赦宥, 豈可爲一允壽失大信乎. 且人情, 任職有失, 仍更授之,
則欲免前愆, 改心易慮. 肆不褫職.
『世宗實錄』

관리의 실적을 평가할
좋은 방법을 찾아라

수령은 백성과 가까운 직책이니, 백성들의 편안함과 걱정스러움과 관계되어 중히 여기지 않을 수 없다. 각 도의 감사가 수령의 업무 실적을 조사하여 보고할 때 가장 높은 점수에 해당하는 수령이 꽤나 많은데, 어찌 모두가 칠사[七事: 수령의 업무 실적을 평가할 때 기준이 되는 7가지 사항. 농상(農桑)의 활성, 호구(戶口)의 증가, 학교의 흥기, 군정(軍政)의 정비, 부역의 공평한 부과, 소송 절차의 간소화, 간사하고 교활한 관리들의 근절]를 다 실행하여 여러 사람들의 의견에 부합하는 자들이겠는가?

혹 두 번 연속으로 중간인 자가 나중에는 반드시 높은 순위가 되고, 또 아버지와 형이 재상인 자와 이미 빛나고 중요한 직책을 거쳤던 자는 낮은 순위에 있지 않는데, 이는 곧 수령들의 포상과 징계가 거의 모두 인정(人情)의 좋고 싫음에 따라 그 높고 낮음을 매긴 것이니 공정하지 못함이 심하다. 관리의 실적을 평가

하고 승진과 퇴출을 가리는 방법에 대해 고전(古典)을
살펴보고 시의(時宜)를 참작해 아뢰도록 하라.

『세종실록』, 세종 18년(1436) 5월 12일

守令, 近民之職, 生民休戚係焉, 不可不重. 各道監司殿最之際,
守令居最者頗多, 豈皆盡行七事, 而允孚公議者乎. 或有二次連
中者, 於後考必居上等, 且其父兄爲宰相者及已經華要之職者,
不在下等, 是則守令褒貶, 率皆人情好惡, 第其高下, 其不公甚矣.
其考績陞黜之方, 稽諸古典, 參酌時宜以啓.
『世宗實錄』

임금은 아랫사람을
교묘하게 속이면 안 된다

임금이 아랫사람을 대하면서 이와 같이 교묘하게 속
이는 것은 옳지 않다.

『세종실록』, 세종 29년(1447) 5월 12일, 도망가다가 잡힌 나이 어린 죄수
들의 처결 문제를 논의하던 자리에서

人主待下, 不可若是其巧也.
『世宗實錄』

142

과거를 열고 선비를 취해
성실한 인재를 얻는다

과거(科擧)를 열고 선비를 취하는 것은 성실한 인재를 얻으려 하는 것이니, 어떻게 하면 선비들이 들뜨고 겉만 화려한 습성을 버리게 할 수 있겠는가?

『세종실록』, 세종 즉위년(1418) 10월 7일, 즉위하던 해에 첫 번째 경연의 교재인 『대학연의』를 읽으면서 언관과 재상들에게 묻기를

設科取士, 欲得實才, 何以則令士去浮華之習.
『世宗實錄』

비록 아랫사람일지라도
그릇됨을 알면 간언하라

모든 일은 윗사람이 비록 옳다고 하더라도 아랫사람이 마음속으로 그 그릇됨을 알면 나아가 숨김없이 말하는 것이 마땅하다. 지금 이현로(李賢老)의 일은 마음 씀씀이로 보면 그 불초(不肖)함이 말로 다할 수 없다. 그러나 죄가 윤배(尹培)보다 더한지는 내가 진실로 알지 못하겠다. 대성(臺省: 사헌부와 사간원을 합쳐서 이르는 말)과 의정부에서 모두 이현로는 그르다 하고 윤배는 그르지 않다고 하는데, 무엇 때문인가? 나는 이러한 의도를 알지 못하겠다. 또 의금부에서 윤배의 유배지를 정하면서 처음에는 해남(海南)으로 정했다가, 후에 대간(臺諫)들의 말에 따라 고쳐서 또한 홍원(洪原)으로 정하니, 도리어 해남보다도 가깝다. 강희(姜曦)의 경우에는 고향 가까운 땅으로 보냈으니, 나는 진실로 그 의도를 알지 못하겠다.

『세종실록』, 세종 31년(1449) 3월 29일, 이윤배의 일로 사헌부 해당 관리들을 의금부에 내려 추핵하며 이르기를

凡事, 在上之人, 雖以爲是, 在下之人心知其非, 則進言無隱, 宜矣. 今賢老之事, 以心術觀之, 其爲不肖, 不可勝言. 然罪加於尹培, 予實未知. 臺省政府, 皆以賢老爲非, 不非尹培何也. 予未知此意也. 且義禁府定尹培配所, 初擬海南, 後因臺諫之言改之, 又擬以洪原, 反近於海南. 至於姜曦, 付處于家鄕近地, 予實未知其意也.

『世宗實錄』

어찌 한 사람도 간절히
간언하는 자가 없는가

지난 옛날을 두루 살펴보니 비록 태평한 시대라고 하
더라도 대신(大臣) 가운데 오히려 임금의 옷을 붙잡고
간절히 간언한 자가 있었으며, 또한 그 말한 것이 사
람의 마음에 두려움과 동요를 일으키는 것도 있었다.
지금의 관점에서 본다면 비록 평안하고 강녕하지만
옛날에 미치지 못함은 분명하다. 그러나 아직 과감한
말로 면전에서 간쟁하는 자를 보지 못하였으며, 또한
말하는 것이 매우 절실하고 강직하지 않으니, 어찌 지
금 사람은 옛사람만 못한가? 각자 힘써 생각하여 나
의 다스림을 돕도록 하라.

내가 옛사람만 못하다고 한 것은 그것을 말한 것이
아니다. 밑에서 의논하라고 한 일의 관점에서 보면,
그것을 논의할 때 한 사람이 옳다고 하면 다 옳다고
말하고, 한 사람이 그르다고 말하면 다 그르다고 말
한다. 근래에 최맹온(崔孟溫)의 죄를 결정할 때에도 한
사건을 가지고 전날에는 그르다고 하고 뒷날에는 옳

다고 하였는데, 한 사람도 중론에 반대하고 비난하는
자가 없었다. 이것이 내가 지금이 옛날만 못하다고 말
한 것이다.

『세종실록』, 세종 7년(1425) 12월 8일, 어전회의에서 형식적인 보고 외에
침묵하는 관료들을 질책하며

歷觀往昔, 雖於太平之時, 大臣尙有挽衣而切諫者, 且其所言, 有
悚動乎人心者矣. 以今觀之, 雖曰平康, 而其不及古必矣. 而未見
有敢言面爭者, 又其所言, 不甚切直, 何今人之不如古也. 其各勉
思, 以補予治. 予之所謂不如古者, 非謂是也. 以下議之事觀之,
其論議之際, 一人是之則皆曰是, 一人非之則皆曰非. 頃者崔孟
溫決罪時, 將一般事, 前日非之, 後日是之, 無有一人排衆論而難
之者, 此予所謂今不如古也.
『世宗實錄』

상서와 재변을
두루 말해야 옳다

신하 중에는 상서(祥瑞: 복이나 경사)를 말하기 좋아하는 자도 있고, 재변(災變: 재앙이나 변고)을 말하기 좋아하는 자도 있다. 그러나 오로지 상서만 말하고 재변은 말하지 않으면 어찌 옳겠는가? 상서를 만나면 상서로움을 말하고, 재변을 만나면 근심과 두려움을 말해야 옳다.

『세종실록』, 세종 1년(1419) 7월 25일, 경연에서 『춘추』를 강하던 중 상서와 재변에 대해 의논하며

人臣有喜言祥瑞者, 有喜言災變者. 專言祥瑞, 而不及災變, 是豈可乎. 値祥瑞則言祥瑞, 遇災變則言憂懼可也.
『世宗實錄』

아첨하는 신하를
가장 미워한다

대체로 남의 윗자리에 있는 사람은 모두 질박하고 정직한 사람을 좋아한다. 진립(眞立)을 살펴보니 사람됨이 순박하고 정직하기 때문에 황제가 그를 친히 여기고 아끼는 것이다. 신하로는 아첨하는 사람을 가장 미워해야 할 것이니 경들은 이를 경계하라.

『세종실록』, 세종 12년(1430) 2월 2일, 사신 진립이 명나라 선덕제에게 각별히 신임받는 이유를 말하던 중에

凡爲人上者, 皆好質直之人. 今觀眞立, 爲人淳直, 故皇帝親愛之.
臣之便佞者, 最可惡也, 卿等戒之.
『世宗實錄』

글 읽는 것이 어찌 유익하지 않겠는가?
아침저녁으로 독서에 전념하라
진심을 담아 공부를 해야 이로움이 있다
역사서를 사람들이 살펴보기 편하게 만들다
경서를 연구하는 이유는 실제로 활용하기 위해서다
수학*진작시킬 수 있는 방법을 강구하다
젊고 총명한 자에게 의술을 익히게 하라
글쓰기에는 임금이 뜻을 둘 필요가 없다
알지 못함을 너무 싫어하지 말라
스승의 말이라도 모두 옳지는 않다
따지고 물어 사실 관계를 확인한다
농사 기술을 전수하여 익히게 하라
백성을 위해 늘 이용후생을 살피다
흉년을 대비해 무씨를 심게 하다

5장

지식을 나라의
힘으로 삼는다

글 읽는 것이
어찌 유익하지 않겠는가?

나는 경서(經書)와 사서(史書)는 보지 않은 것이 없고, 또 지금은 늙어서 기억하지는 못하지만 모름지기 글을 읽는 것을 지금도 여전히 그만두지 않는 것은 다만 글을 보는 동안에 뜻이 일어나 정사에 시행되는 것이 자못 많기 때문이다. 이것으로 본다면 글 읽는 것이 어찌 유익하지 않겠는가?

세자가 이미 『사서오경』과 『통감강목』을 읽었다. 군주의 학문이 굳이 해박(該博)할 필요는 없지만, 어찌 이것에 스스로 만족하여 중단할 수 있겠는가? 중국의 말과 소리도 몰라서는 안 되니, 김하(金何)에게 3일에 한 번씩 서연(書筵: 세자에게 경전과 역사를 강의하는 제도)에 나아가 세자에게 『직해소학(直解小學)』과 『충의직언(忠義直言)』을 가르치도록 해야 할 것이다. 비록 두 책을 읽어도 중국어에 통달하기 어렵겠지만, 어찌 전혀 알지 못하는 것보다 낫지 않겠는가?

『세종실록』, 세종 20년(1438) 3월 19일

予於經史, 靡不歷覽, 且今老不能記, 不須讀書, 今尙不輟者, 只
爲觀覽之間, 因以起意, 施諸政事者頗多. 以此觀之, 讀書豈不有
益. 世子旣讀四書五經通鑑綱目. 人主學問, 不必該博, 然豈可以
此爲自足而間斷哉. 中國語音, 亦不可不知, 宜令金何三日一次
詣書筵, 訓世子以直解小學及忠義直言. 雖讀二書, 難通漢語, 豈
不愈於專不知者哉.
『世宗實錄』

아침저녁으로
독서에 전념하라

내가 너희들을 집현전 관원에 제수한 것은 나이가 젊고 장래가 있으므로 다만 글을 읽혀서 실제 효과가 있게 하려는 것이었다. 그러나 각기 직무 때문에 아침저녁으로 독서에 전심할 겨를이 없으니, 지금부터는 본전(本殿)에 출근하지 말고 집에서 전심으로 글을 읽어 성과를 드러내 내 뜻에 부응하라. 글 읽는 규범에 대해서는 변계량(卞季良)의 지도를 받아야 할 것이다.

『세종실록』, 세종 8년(1426) 12월 11일, 집현전 부교리 권채 등을 불러 사가독서(젊은 문신들에게 휴가를 주어 독서에 전념하게 한 제도)를 하라고 지시하며

予以爾等除集賢官者, 以其年少有將來, 祗欲其讀書有實效也. 然各緣職事早暮, 未暇專心讀書. 自今勿仕本殿, 在家專心讀書, 以著成效, 以副予意, 其讀書規範, 當受卞季良指畫.
『世宗實錄』

진심을 담아 공부를 해야
이로움이 있다

경서를 글귀로만 이해하는 것은 학문에 도움이 없으
니, 반드시 마음에서 하는 공부가 있어야 곧 이로움이
있을 것이다.

『세종실록』, 세종 즉위년(1418) 10월 12일, 경연에서 『대학연의』를 진강하
던 중에 이지강이 마음 바르게 하는 요지가 이 책에 있다고 말하자 반박
하며 이르기를

句讀經書, 無益於學, 必有心上功夫, 乃有益矣.
『世宗實錄』

역사서를 사람들이 살펴보기
편하게 만들다

정치를 하려고 하면 반드시 이전 시대의 치란(治亂: 다
스려짐과 어지러움)의 자취를 살펴보아야 하고, 그 자취
를 보려고 하면 오직 역사 서적을 연구해야 한다. 주
(周)나라 이래 시대마다 역사가 있으나 편찬한 것이
너무 많아 두루 살펴보기가 쉽지 않다.

내가 근래에 송나라 유학자가 편찬한 『자경편(自警
編)』을 보았는데, 아름다운 말과 좋은 행동을 절(節)로
나누고 분류하여 편찬하면서 간단히 요약하는 데 힘
썼으니, 곧 옛날에 책을 만드는 사람들은 다른 사람들
이 즐겁게 보도록 하려고 했다는 것을 알 수 있다. 진
실로 보통의 사람도 배움에 있어서 널리 살펴보기가
어려운데, 하물며 임금이 만기(萬機)를 다스리고 있는
틈에 널리 살펴볼 수 있겠는가? 경은 사적(史籍)을 상
고(견주어 고찰함)하고 열람해 그 선과 악 가운데 권고
하고 징계할 만한 것을 뽑아내고 순서를 매겨 책을
만들어 사람들이 살펴보기 편하게 하라. 이는 후세의

자손들의 영원한 거울이 될 것이다. 또 우리 땅에도
나라가 세워진 지 오래되었으니, 흥폐와 존망 또한 알
지 않을 수 없을 것이다. 아울러 편입(編入)시키되 번
잡스럽거나 간략하게 하는 잘못을 하지 말라.

『세종실록』, 세종 23년(1441) 6월 28일, 집현전 학사들에게 『치평요람』을
편찬할 것을 지시하면서

凡欲爲治, 必觀前代治亂之迹, 欲觀其迹, 惟史籍是稽. 自周以降,
代各有史, 然編簡浩穰, 未易遍考. 予近觀宋儒所撰自警編, 嘉言
善行, 分節類編, 而務於簡要, 乃知古之作書者欲人之樂觀也. 誠
以人之於學, 博覽爲難, 況於人君機政之暇, 其能博觀乎. 卿其考
閱史籍, 其善惡之可爲勸懲者, 撰次成書, 使便觀覽. 以爲後世子
孫之永鑑. 且東方建國, 惟古興廢存亡, 又不可不知. 竝令編入,
毋失繁簡.
『世宗實錄』

경서를 연구하는 이유는
실제로 활용하기 위해서다

한(漢)나라 선제(宣帝)는 세상에서 총명하고 지혜롭다
고 칭찬했고 나라의 세력도 가장 왕성했다. 안으로는
관리들이 그 직무에 적합하고 백성들은 생업(生業)에
편안했으며, 밖으로는 흉노(凶奴)가 국경의 문을 두드
리고 와서 번(藩: 변방의 지역)이라 자칭하며 하급 관리
로 임명해주기를 청했다. 그러나 나중에 논의한 사람
들은 선제가 도리어 화(禍)를 기초한 군주라고 말했
다. 송(宋)나라 왕안석(王安石)이 대신으로 기용되면서
스스로 나라를 보좌하고 백성들은 편안하게 한다고
했으며, 신종(神宗)도 또한 스스로 정신을 가다듬어
다스리기를 도모한다고 했지만 후세의 나무람을 면
하지 못했다.

내가 비록 백성을 이롭게 하는 일을 나라에 시행하고
있지만, 또한 후세에 나무람을 받을 것이 없겠는가?
지금의 시대를 비록 태평하다고 말하지만, 태평함을
믿는 것이 곧 쇠약해지고 어지러워짐으로 점차 나아

가는 까닭인 것이다. 오늘의 편안함을 믿고 뒷날의 걱정거리를 생각하지 않으면 안 된다.

경서(經書)를 깊이 연구하는 것은 실제로 활용하기 위해서다. 바야흐로 경서와 역사서를 깊이 연구하고 다스리는 도리를 두루 살펴보면, 그것이 보여주는 나라 다스리는 일은 오히려 손을 뒤집는 것 같이 쉬운데, 실제 일에 닥치게 되면 어디에 손을 대야 하는지 알지 못한다. 내가 비록 경서와 역사서를 섭렵했지만 아직도 제대로 정치를 하지 못하니, 이것과 무엇이 다르겠는가?

「세종실록」, 세종 7년(1425) 12월 8일

漢之宣帝, 世稱聰慧, 國勢最盛. 內則吏稱其職, 民安其業, 外則
凶奴款塞稱藩, 請命下吏. 然後之議者以謂, 宣帝却是基禍之主
也. 宋之王安石爲用事大臣, 自以爲輔國安民, 神宗亦自以爲勵
精圖治, 而不免後世之議. 予雖以利民之事行之於國, 無乃亦有
見譏於後世者乎. 當今之時, 雖曰平康, 恃太平, 乃所以衰亂之漸
也. 不可恃今日之安, 而不慮後日之患也. 窮經, 所以致用也. 方
其窮覽經史, 歷觀治道, 則其視爲國猶反手, 及其臨事, 不知所措
者有之. 予雖涉獵經史, 猶且未能, 其與此何異.
『世宗實錄』

수학을 진작시킬 수 있는
방법을 강구하다

학교는 풍속과 교화의 근원이다. 중앙에 성균관과 오
부학당(五部學堂)을 설치하고, 지방에는 향교를 설치
하여 타일러 힘쓰게 하고 가르쳐 뉘우치게 한 것이
지극하지 않음이 없었다. 그러나 성균관에서 수학(受
學)하는 자의 수가 아직도 채워지지 않았다. 생각건대
가르치고 기르는 방향에 있어서 그 방법이 미진해서
인가? 사람들이 추구하고 지향하는 것이, 다른 어떤
좋아하는 것이 있어서인가? 그 진작시킬 수 있는 방
법을 의정부와 육조에서 강구하여 아뢰도록 하라.
더구나 향교의 생도(生徒) 가운데 비록 학문에 뜻을
둔 자가 있더라도, 그곳에 있는 수령이 글씨 쓰는 일
을 나누어 맡기거나 빈객(賓客)을 응대하는 등의 일을
아무 때나 시키고 불러서 학업을 폐하게 한다. 이제부
터는 하나같이 금지시키고 그 유생들 가운데 사적으
로 서원(書院)을 설치하여 생도를 가르친 자가 있으면
포상할 수 있게 아뢰도록 하라.

『세종실록』, 세종 즉위년(1418) 11월 3일, 중앙과 지방인 경외의 신료에게
유시하기를

學校, 風化之源. 內設成均五部學堂, 外設鄕校, 勸勉訓誨, 無所
不至. 而成均受學者, 尙未滿額. 意者敎養之方, 未盡其術歟. 人
之趨向, 他有所好歟. 其振起作成之術, 政府六曹講求以聞. 且鄕
校生徒, 雖有志學者, 所在守令, 如損分書役, 應對賓客等事, 無
時使喚, 以致廢業. 自今一禁, 其有儒士私置書院, 敎誨生徒者,
啓聞褒賞.
『世宗實錄』

젊고 총명한 자에게
의술을 익히게 하라

의술(醫術)은 사람의 목숨을 치료하는 것이어서 관계된 업무가 가볍지 않은데, 그 심오하고 정미한 것을 아는 자가 드물다. 판사 노중례(盧重禮)의 뒤에 그를 계승할 자가 없을까 염려되니, 젊으면서도 총명하고 민첩한 자를 가려서 의방(醫方)을 전해주고 익히도록 하라.

『세종실록』, 세종 22년(1440) 6월 25일

醫術, 治療人命, 所係匪輕, 然知其蘊奧者鮮矣. 判事盧重禮之後, 慮恐無有繼之者, 令擇年少聰敏者, 傳習醫方.
『世宗實錄』

글쓰기에는 임금이 뜻을
둘 필요가 없다

글을 읽는 것은 유익하지만, 글씨를 쓰거나 시문을 짓
는 것에는 임금이 뜻을 둘 필요가 없다.

『연려실기술』, 제3권, 세종조 고사본말

讀書有益, 如寫字製作, 人君不必留意也.
『練藜室記述』

알지 못함을
너무 싫어하지 말라

이 말은 의심할 만하지만 잠시 보류해두는 것이 옳을 듯하다. 대개 그 의심할 만한 것을 알고 더욱 연구하면 거의 얻을 수 있을 것이다. 대체로 배우는 자들 가운데 스스로 알지 못한다고 말하는 자는 그럴 수 있다고 하겠지만, 스스로 알지 못하는 것이 없다고 말하는 자는 이른바 '용류(庸流: 용렬한 무리, 못난 사람들)'라고 한다. 그대들은 그 알지 못하는 것을 너무 싫어하지는 말라.

『세종실록』, 세종 14년(1432) 12월 22일, 경연에 나아가 의심되고 어려운 곳이 있어서 임금이 경연관에게 물으니 모두 대답하지 못하자

此言可疑, 闕之可也. 大抵知其可疑而益究之, 則庶有得焉. 凡學者自謂不知者, 然矣, 自謂無所不知者, 斯其所謂庸流也. 爾等毋嫌其不知也.
『世宗實錄』

스승의 말이라도
모두 옳지는 않다

주문공은 진실로 후세 사람들이 논의할 수 있는 사람
은 아니다. 그러나 주자가 잘못을 바로잡은 말에도 혹
은 의심스러운 곳이 있다. 또한 그 자신이 한 말도 또
한 의심스러운 곳이 있으며, 주자의 문인들 중에서도
스승의 말을 취하지 않은 자가 있었으니, 비록 주자의
말이라도 또한 다 믿을 수는 없을 듯하다.

『세종실록』, 세종 19년(1437) 10월 23일, 경연에서 주자를 비판하며

文公固非後人所可得而議者也. 然矯失之語, 或有可疑處. 且其
自爲說者, 亦有可疑處, 朱子之門人, 亦有不取師說者, 雖朱子之
說, 疑亦不可盡信也.
『世宗實錄』

따지고 물어
사실 관계를 확인한다

옛날 대신들이 이변(異變)에 대해 반드시 깊이 근심하고 길게 생각해 끝까지 연구하고 분명하게 따졌던 것은 나라의 운명이 재난으로 어려워지는 것을 싫어해서였다. 오늘날은 그렇지 않아서 내가 즉위하였을 때로부터는 풀씨의 비가 오기도 하고, 나뭇잎의 비가 오기도 하며, 곡식 종자의 비가 오기도 해서 그 일이 같지 않았다. 옛사람이 "풍운(風雲)이 나무 위로 지나가면 나뭇잎이 따라 날아갔다가 비 때문에 내려온다."라고 하였는데, 대체로 가벼운 물건은 바람을 따라 날아가기를 수십 리에 이르게 되고, 버들강아지[柳絮]와 같으면 날아가기를 그치지 않아서 멀리 버들이 없는 곳까지 이르기도 하니, 하물며 송화(松花)같이 가볍고 가는 것은 어떻겠는가?

근년 이래로 세자가 가뭄을 근심해서 매번 비가 오고 난 후에 흙에 젖어 들어간 정도를 땅을 파서 보아왔다. 그러나 적확하게 어느 정도인지를 알지 못하기 때

168

문에 구리로 주조하여 그릇을 만들고 궁궐 안에 두어 빗물이 그릇에 고인 정도를 측정했다. 이제 이 물건[黃雨]이 만약 하늘에서 내린 것이라면, 어찌 이 그릇에만 내렸던 것인가? 또 이 물건이 첨류(簷溜: 처마 끝의 물방울)가 모여드는 곳에 있는 것도 송화가 기왓고랑[瓦溝]에 흩어져 있었기 때문에 비를 따라 내려온 것이다. 또 이 물건이 모래와 돌이 흐르는 곳에 있지 않고 오로지 찰지고 끈끈한 검은 땅에만 있었으니, 그것이 송화임을 단연코 알 수 있다. 그러나 대신들이 이미 황우(黃雨)라고 아뢰었으니, 어찌 젊은 자제들의 철없는 말을 옳다고 하겠는가?

옛날 고려 때 문랑(門廊) 위에 홀연히 연기가 나자 사람들이 "모기와 등에가 날아온 것이지 연기가 아니다."라고 하였는데, 후세에는 간사하고 정직하지 않은 말로 여겼다. 병진년에 흥천사(興天寺)의 사리각(舍利閣) 위와 흥복사(興福寺)의 옥상(屋上)에도 또한 모기와 등에가 날아와 모였는데, 사람들이 모두 놀라서 보고 상서로운 기운이라고 여겨서 내가 승지 김돈(金墩)을 보내 살펴보게 했더니, 실제로는 모기와 등이였다. 고려 때의 일인데 지금까지 전해오면서 의심하니 참으로 가소롭다.

「세종실록」, 세종 23년(1441) 4월 29일, 측우기 발명과 관련된 그간의 사연을 소개하며

古者大臣凡於變異, 必深憂長慮, 極究明辨者, 爲惡國步之窮厄
也. 今則不爾矣, 自予在位之時, 或雨草實, 或雨木葉, 或雨穀種,
其事不同. 古人有云: "風雲行於樹上, 木葉隨飛, 因雨而下." 凡
物之輕者, 隨風飛轉至數十里, 如柳絮飄颺不已, 或遠至無柳之
處, 而况於松花之輕細乎. 近年以來, 世子憂旱, 每當雨後, 入土
分數, 掘地見之. 然未可的知分數, 故鑄銅爲器, 置於宮中, 以驗
雨水盛器分數. 今此物若天所降, 則何必降於此器乎. 又此物多
在簷溜會注處者, 亦以松花散在瓦溝, 因雨而下也. 又此物不在
沙石流蕩之地, 而專在黏密黑壤, 則其爲松花, 斷可知矣. 然大臣
旣以黃雨啓之, 何可以子弟少不更事之言爲是耶. 昔在高麗, 門
廊之上, 忽有烟氣, 人言蚊虻飛出, 實非烟氣也. 後世以爲姦詐不
直之言. 歲在丙辰, 興天寺舍利閣上與興福寺屋上, 亦有蚊虻飛
集, 人皆駭見, 以爲瑞氣, 予遣承旨金墩往觀之, 乃實蚊虻也. 高
麗之事, 至今傳疑, 誠可笑也.
『世宗實錄』

농사 기술을 전수하여
익히게 하라

평안도와 함길도는 농사에 매우 서툴러 토지의 생산력을 다하지 못했는데, 이제 행할 만한 농사 기술을 가려냈으니 전수하여 익히게 하라. 무릇 오곡(伍穀)의 토양 성질에 따른 적합함, 갈고 씨 뿌리고 김매고 거두는 방법, 잡곡을 번갈아 심는 방법에 대해 각 마을의 노련한 농사꾼들을 모두 찾아가 묻고 요점을 모아 책을 만들어 올리도록 하라.

『세종실록』, 세종 10년(1428) 7월 13일

平安咸吉道農事甚疎, 未盡地力, 今欲採可行之術, 令傳習. 凡五穀土性所宜及耕種耘穫之法雜穀交種之方, 悉訪各官老農等, 撮要成書以進.
『世宗實錄』

백성을 위해
늘 이용후생을 살피다

물방아를 사용하는 것이 진실로 이득이 있을 것인가?
그렇다면 마땅히 장의동(藏義洞: 지금의 세검정 지역)에
설치했던 물방아를 수리해서 복구해야 할 것이다.

『세종실록』, 세종 11년(1429) 12월 9일

水碾之用, 誠有利乎. 然則宜修復藏義洞所設之碾.
『世宗實錄』

흉년을 대비해
무씨를 심게 하다

무[菁根]는 백성들의 굶주림을 구제하는 데 큰 이
로움이 있다. 옛사람이 "1묘(畝)만 이것을 심어도
1천 명을 살릴 수 있다."라고 했는데, 어찌 근거 없이
그렇게 말했겠는가? 우리 태종 임금 때와 내가 즉위
한 다음에 실무 관리들이 그 이로움을 말했지만, 끝내
시행하지 못하고 지금까지 왔다. 여염의 서민들은 다
만 겨울을 나는 채소로만 여기고 아직 많이 심는 자
가 없는데, 이는 그 이로움을 몰라서 그러는 것이다.
올 가을에는 민간에서 무씨를 미리 비축하지 않아서
많이 심게 하기는 어려울 것이다. 이 이후로는 매년
봄철에 백성들에게 무씨를 많이 비축하였다가 가을
이 되면 그해의 풍흉을 따지지 말고 많이 심어 구황
에 대비하게 하는 것을 통상적인 법으로 정하게 하는
것이 어떠한가? 또 생각건대 대체로 민심은 옛 법에
안주하고 새로운 법을 꺼려하니, 비록 무씨를 심는 것
이 흉년에 살아남는 데 큰 도움이 되는 방법이라 하

더라도 반드시 힘쓰기를 꺼려할 것인데, 억지로라도
심게 할 수 있겠는가? 헤아리고 의논하여 아뢰도록
하라.

『세종실록』, 세종 18년(1436) 윤6월 28일, 구황식물로 무 등을 재배하여
흉년을 이겨낼 것을 지시하며

菁根有利於救荒大矣. 古人云一畝之種, 可活千人, 豈無據而然
歟. 我太宗朝及予卽位之後, 有司言其利, 而竟未施行, 因循至今.
閭閻小人, 但爲禦冬之菜, 而未有多種之者, 是未知其利而然也.
今秋則民間未曾預蓄菁實, 難以使之多種. 今後每年春節, 令民
多備菁實, 至秋勿論年之豐歉多種, 以爲救荒之備, 定爲常法何
如. 又思之, 大抵民心安於故常, 而憚其新法, 雖種菁實, 凶年生
道之大助, 意必憚於用力也, 其可勒令耕種乎. 擬議以啓.
『世宗實錄』

세종 상세연보

1397년(태조 6)
4월 10일(양 5월 7일) 태종과 원경왕후 민씨 사이에서 셋째 아들로 출생

1408년(12세, 태종 8)
2월 충녕군에 책봉되고, 우부대언 심온의 딸과 혼인(소헌왕후)

1412년(16세, 태종 12)
5월 대군으로 진봉

1414년(18세, 태종 14)
10월 충녕대군의 맏아들 향(문종)이 한양 사저에서 탄생

1417년(21세, 태종 17)
9월 충녕대군의 둘째 아들인 유(세조)가 본궁에서 탄생

1418년(22세, 세종 즉위년)
6월 세자 제(양녕대군)를 폐하고 충녕대군을 세자로 책봉함. 세자의 자를 '원정'이라 함

8월 10일 조선 제4대 왕으로 즉위

9월 왕자 용(안평대군) 탄생

1419년(23세, 세종 1)
6월 삼군도체찰사 이종무가 대마도를 토벌함

9월 정종이 인덕궁에서 승하

11월 회암사 중들의 간음·절도 사건을 계기로 전국의 사찰 노비를 혁파함

176

1420년(24세, 세종 2)

1월 왕자 구(임영대군)가 탄생

윤1월 대마도를 경상도의 계림부에 편입

3월 집현전을 확장하여 영전사·대제학·제학·부제학·직제학 등의 녹관을 둠

7월 세종의 어머니 원경왕후가 세상을 떠남

1421년(25세, 세종 3)

3월 주자소에서 경자자를 완성하고 인쇄법을 개량

10월 원자 향을 세자로 책봉

1422년(26세, 세종 4)

5월 태종이 연화방 신궁에서 승하함

8월 흥복사에 진제소를 두어 빈민을 구제함

1423년(27세, 세종 5)

9월 조선통보를 주조함

1424년(28세, 세종 6)

4월 불교의 여러 종파를 선교 양종으로 통합

1425년(29세, 세종 7)

2월 처음으로 동전 사용

4월 저화 폐지하고 동전만 사용하게 함

1426년(30세, 세종 8)

2월 한성부에 큰 불이 일어난 것을 계기로 방화법을 만듦

8월 『정종실록』을 편찬 완료함

1428년(32세, 세종 10)

11월 이직 등이 『육전』 5권과 『등록』 1권을 찬집

1429년(33세, 세종 11)

5월 정초 등이 『농사직설』을 편찬

1430년(34세, 세종 12)

2월 『농사직설』을 반포

8월 공법의 가부의 숫자를 파악함(조선 최초의 국민 투표)

윤12월 아악보를 이록함

1431년(35세, 세종 13)

3월 『태종실록』을 편찬

4월 광화문을 세움

1432년(36세, 세종 14)

1월 맹사성 등이 『신찬팔도지리지』를 편찬

6월 설순 등이 『삼강행실도』를 편찬 완료함

1433년(37세, 세종 15)

4월 최윤덕 등이 파저강 야인 이만주를 토벌함

8년 경복궁 내에 간의대를 이룩함

9월 장영실이 자격궁루를 만듦

1434년(38세, 세종 16)

4월 『삼강행실도』를 반포

6월 자성군을 설치함(4군 설치의 시작)

7월 장영실, 이천 등이 자격루, 갑인자를 만듦

10월 앙부일구를 제작, 혜정교와 종묘 앞에 설치

1437년(41세, 세종 19)

9월 이천 등이 파저강 야인을 정벌

1441년(45세, 세종 23)

6월 정인지 등에게 『치평요람』을 편찬하게 함

8월 측우기를 제작하고 양수표를 세움

1442년(46세, 세종 24)

8월 신개 등이 찬술한 『고려사』를 올림

1443년(47세, 세종 25)

11월 전제상정소를 둠

12월 훈민정음 28자를 창제

1445년(49세, 세종 27)

4월 권제 등이 『용비어천가』 10권을 이룩함

1446년(50세, 세종 28)

3월 왕비 소헌왕후가 수양대군 제택에서 승하

4월 대행왕비의 시호를 소헌으로 정함

9월 훈민정음을 반포하고 『훈민정음(해례본)』이 이루어짐

1447년(51세, 세종 29)

2월 『용비어천가』 주해 완성함

7월 『석보상절』과 『월인천강지곡』이 이룩됨

8월 숭례문을 새로 짓기 시작

9월 『동국정운』 완성

1448년(52세, 세종 30)

4월 원손 홍위(단종)를 왕세손으로 책봉

5월 숭례문 개축이 끝남

12월 문소전의 불당이 이룩됨

1450년(54세, 세종 32)

2월 왕세자 문종 즉위

2월 17일 세종대왕이 영응대군 집 동별궁에서 승하

3월 묘호를 '세종'으로 올림

6월 12일 세종대왕을 소헌왕후 심씨가 안장된 영릉 서실에 합장

1454년(단종 2)

3월 『세종장헌대왕실록』 편찬

1469년(예종 1)

3월 6일 세종대왕과 소헌왕후를 여흥 새 능으로 옮겨 안장함

우리가 미처 몰랐던 서애 류성룡의 진면목

류성룡의 말

류성룡 지음 | 강현규 엮음 | 박승원 옮김 | 값 15,000원

이 책은 서애 류성룡이 직접 했던 말을 살펴봄으로써 그는 과연 누구인지 들여다보고자 한다. 그리고 왜 지금 한국사회에 류성룡과 같은 리더가 필요한지에 대한 답을 얻고자 한다. 국난을 맞아 애국과 위민의 가치를 잃지 않고 불철주야 나라를 위해 온몸을 바쳤던 류성룡의 활약상과 인간적 면모는 어떠했는지 살펴보며, 현대인들에게 귀감이 될 만한 역사 속 영웅 류성룡의 말과 행동을 통해 앞으로 나아갈 길을 모색할 수 있을 것이다.

우리가 미처 몰랐던 영조대왕의 진면목

영조의 말

영조 지음 | 강현규 엮음 | 박승원 옮김 | 값 13,000원

조선시대 중흥기를 이끈 제21대 왕 영조, 이 책은 영조가 직접 했던 '말'을 살펴보며, 과연 영조는 어떤 왕이었는지, 나아가 영조의 인간적 면모는 어떠했는지를 객관적으로 알아보고자 한다. 여러 사료를 참고해서 백성과 관리, 가족, 자기관리, 정책 등에 대해 영조가 남긴 말들을 한 권의 책으로 엮었다. 리더라면 누구나 알고 있는 애민(愛民)과 위민(爲民)의 기본 정신을 절절히 일깨우는 생생한 어록이다.

이순신의 인간적인 리더십, 그 진면목을 본다!

이순신의 말

이순신 지음 | 강현규 엮음 | 박승원 옮김 | 값 13,000원

420여 년 전 이순신은 장수로서 자식으로서 부모로서 어떤 생각을 했을까? 어려운 상황에서 백전백승의 성과를 거둔 요인은 무엇인가? 이러한 질문들을 떠올리며 이순신이 남긴 말들을 한 권의 책으로 엮어냈다. 이 책은 충무공 이순신이 직접 했던 '말'을 살펴봄으로써 이순신은 과연 누구인지 들여다보고자 한다. 그리고 왜 지금 한국사회에 이순신과 같은 리더가 필요한지에 대한 답을 얻고자 한다.

두고두고 마음에 새겨야 할 삶의 지혜

채근담

홍자성 지음 | 박승원 편역 | 값 13,000원

『채근담』은 유·도·불의 사상을 융합해 가르침을 주는 책이다. 철학박사 박승원에 의해 재구성되어 출간된 『채근담』은 이 가운데 고전에 익숙하지 않은 독자들에게 그 의미가 잘 전달되지 않는 것을 제외한 239조목으로 편집되었다. 크게 전집과 후집으로 나누어 전집에서는 주로 사회에서 어떻게 처신하고 어떤 삶의 태도를 가져야 하는지를, 후집에서는 자연을 벗 삼아 살아가는 풍류의 삶을 다루고 있다.

행복의 비밀을 알려주는 위대한 고전

세네카의 행복론

루키우스 안나이우스 세네카 지음 | 정영훈 엮음 | 정윤희 옮김 | 값 13,000원

삶과 죽음의 의미, 그리고 진정한 행복의 의미가 무엇인지와 같은 인생의 본질적인 질문을 우리 마음속에 던져주는 책이다. 누구나 행복한 삶을 꿈꾸지만 진정한 행복이 무엇인지는 알지 못한다. 가끔 내가 가진 행복이 남들보다 작은 것 같아서 속상할 때, 급작스럽게 찾아온 고난을 이기지 못해 좌절할 때 이 책을 한번 읽어보자. 세네카의 조언이 가슴 깊이 스며들어와 포기하지 않고 다시 일어설 수 있는 힘을 줄 것이다.

충만하고 행복한 노년을 맞이하는 지혜!

키케로의 노년에 대하여

키케로 지음 | 정영훈 엮음 | 정윤희 옮김 | 값 13,000원

인간이라면 누구나 경험하는 노년에 대한 막연한 두려움과 잘못된 인식을 바로잡고 노년이 지닌 장점들을 정리한 책으로, 노년을 행복하게 보내는 지혜로운 방법을 담았다. 비단 노년기에만 국한되지 않고 인간으로서 주어진 삶을 어떤 마음가짐으로 지내야 하는지에 대한 처세술이 담겨 있다. 선인의 지혜를 읽으며 자신의 인생을 보다 값지게 마무리할 수 있는 기회를 놓치지 않길 바란다.

옳다고 생각하는 원칙을 지키며 살아라!

소크라테스의 크리톤

플라톤 지음 | 김세나 옮김 | 값 12,000원

이 책은 플라톤이 남긴 소크라테스의 최후의 행적을 담은 4대(『변론』『크리톤』『파이돈』『향연』) 대화편 중 하나로, "국가와 법의 명령에 무조건 복종해야 하는가?"라는 주제를 소크라테스와 크리톤의 대화를 통해 다루고 있다. 탈옥을 권유하는 크리톤에게 소크라테스는 국법의 관점에서 반박논변을 펼친다. 이를 통해 삶을 살아가는 것이 아니라 잘 살아가는 것을 더 중요하게 생각하는 것이 의미 있다는 가르침을 준다.

소크라테스의 진면목이 압축된 불멸의 고전!

소크라테스의 변론

플라톤 지음 | 김세나 옮김 | 값 13,000원

이 책은 소크라테스의 법정 변론을 그의 제자 플라톤이 정리한 불후의 명저로, 소크라테스가 처형된 후 몇 년에 걸쳐 집필된 것으로 알려져 있다. 인간으로서 훌륭한 덕을 취하고자 노력하고, 끊임없이 반성하며 살아가는 것이 소크라테스 철학의 요체였기에, 그의 변론과 증언은 진정한 삶과 지혜란 무엇인지 일깨워준다. 부와 명예에 눈이 멀어 내면의 가치와 진실이 외면당하는 요즘, 우리에게 깊은 깨달음을 줄 것이다.

가족 문제의 해결을 위한 아들러의 메시지

위대한 심리학자 아들러의 가족이란 무엇인가

알프레드 아들러 지음 | 정영훈 엮음 | 신진철 옮김 | 값 15,000원

개인심리학의 창시자이자 프로이트, 융과 함께 세계 3대 거장으로 손꼽히는 알프레드 아들러는 삶의 문제가 언제나 생애 초기의 가족 경험에서 시작된다고 주장한다. 아울러 삶의 의미가 어떻게 형성되고 서로 어떻게 다른지 이해하는 것이 중요하다고 재차 강조한다. 이 책은 가정 내 역할, 올바른 양육 방식, 그리고 가족문제가 발생하게 된 최초의 오류를 찾는 데 도움이 될 것이다.

인간에 대한 위대한 통찰

몽테뉴의 수상록

몽테뉴 지음 | 안해린 편역 | 값 13,000원

가볍지도 과하지도 않은 무게감으로 몽테뉴는 세상사의 다양한 주제들에 대해 본인의 견해를 자신 있고 담담하게 풀어낸다. 이 책을 읽으며 나의 판단은 바른지, 내가 지금 제대로 살고 있는지, 앞으로 어떻게 살아야 하는지 등을 수없이 자문해보자. 원초적인 동시에 삶의 골자가 되는 사유를 함으로써 의식을 환기하고 스스로를 성찰하며 인생의 전반에 대해 배우는 계기가 될 것이다.

내 삶의 주인으로 사는 법

에픽테토스의 인생을 바라보는 지혜

에픽테토스 지음 | 키와 블란츠 옮김 | 값 13,000원

이 책은 에픽테토스의 『엥케이리디온·Encheiridion』을 영국의 고전문학가 조지 롱이 영어로 번역한 것을 토대로 했다. '엥케이리디온'은 핸드북 또는 매뉴얼이라는 뜻으로, 당면한 현실에서 무엇을 얻고 무엇을 버릴 것인지 선택할 권한을 가진 자가 바로 삶의 주인임을 강조한다. 에픽테토스의 지혜가 담긴 이 책은 이 시대를 살아가는 현대인들에게 삶의 태도와 방향을 정하는 길잡이가 되어줄 것이다.

열등감과 우월감에 대한 아들러의 메시지

위대한 심리학자 아들러의 열등감, 어떻게 할 것인가

알프레드 아들러 지음 | 신진철 편역 | 값 13,000원

개인심리학의 창시자로, 지그문트 프로이트, 칼 융과 함께 세계 3대 심리학자로 손꼽히는 알프레드 아들러는 이 책에서 현대인에게 열등감과 우월감에 대한 메시지를 전한다. 열등감은 도대체 어디에서 비롯되는 것일까? 그리고 열등감이란 감정이 과연 나쁘기만 한 것일까? 또한 열등감과 우월감의 차이는 무엇인가? 이 책에 그 해답이 담겨 있다. 아들러는 중요한 것은 열등감 그 자체의 문제가 아니라 열등감을 대하는 태도라고 말한다.

화에 대한 인류 최초의 고전

세네카의 화 다스리기

루키우스 안나이우스 세네카 지음 | 정윤희 편역 | 값 13,000원

이 책은 후기 스토아철학을 대표하는 고대 로마의 철학자 루키우스 안나이우스 세네카가
화를 잘 내는 자신의 동생 노바투스에게 전하는 서간문 형태의 책 『화다스리기De Ira』를
편역한 것이다. 인간에게 화가 왜 불필요한지, 화라는 감정의 실체는 무엇인지, 화의 지배
에서 벗어나 화를 통제하고 다스리는 법은 무엇인지를 다양한 예화를 통해 이해할 수 있을
것이다. 화라는 감정에 휘둘리며 살아가는 현대인들에게 현명한 치유법을 제시한다.

인생을 살아가는 가장 기본적인 가르침

명심보감

추적 엮음 | 박승원 편역 | 값 13,000원

『명심보감』은 삶의 태도에 대한 깨달음과 반성의 기회를 갖게 하는 고전으로, 현 시
대에서 우리가 취해야 할 태도와 앞으로 어떻게 살아가야 하는지를 알려준다. 남녀노
소 누구나 깨달음과 지혜를 얻을 수 있는 이 책을 통해, 혼란스럽고 어지러운 세상 속
에서 올바른 길을 향해 나아가보자. 마음의 상처를 보듬어주고, 각박해져가는 우리
마음에 여유를 갖게 해줄 것이다.

고독한 인간에게 건네는 릴케의 격려

젊은 시인에게 보내는 편지

라이너 마리아 릴케 지음 | 김세나 옮김 | 값 13,000원

릴케의 사후 1929년에 처음 출간된 이 책은 릴케의 사상이 아름다운 문체로 쓰여 지금까
지 수없이 많이 번역된 고전이다. 존재의 근원적인 문제, 신, 예술, 사랑과 성, 인생과 죽
음, 고독에 대한 릴케의 생각이 담긴 이 열 통의 편지는 시인을 꿈꾸는 청년에게 들려주
는 조언인 동시에 릴케의 자기 고백이자 다짐으로 알려져 있다. 릴케의 편지야말로 경쟁
에 내몰리는 삶에 지친 우리의 지난한 갈증을 풀어줄 시원하고 맑은 샘물이 될 것이다.

스마트폰에서 이 QR코드를 읽으면
'소울메이트 도서목록'과 바로 연결됩니다.

독자 여러분의
소중한 원고를 기다립니다

★

　　소울메이트는 독자 여러분의 소중한 원고를 기다리고 있습니다. 집필을 끝냈거나 혹은 집필중인 원고가 있으신 분은 khg0109@hanmail.net으로 원고의 간단한 기획의도와 개요, 연락처 등과 함께 보내주시면 최대한 빨리 검토한 후에 연락드리겠습니다. 머뭇거리지 마시고 언제라도 소울메이트의 문을 두드리시면 반갑게 맞이하겠습니다.